J'appartiens à un pays
que j'ai quitté. Colette

« L'Église recommande à vos
prières toutes les âmes de cette paroisse, et
spécialement les âmes d'Édouard de La Cour
de Clémence de La Cour, de Pauline
Beauchêne et de Fernand Bourgneuf,
~~de~~ de Claude Brunet, ~~de Geneviève Gonnot~~ Gonnot
d'Irène et d'Octavie de Valbaire, de Jacques
Corneau d'Adolphe Gressien, de Prix Thillière, de Paul Gentil
d'Estelle, Rebourleau, J'en sais encore beaucoup d'autres
de Jean Baptiste Glaumot... par cœur, avec l'accent, les a bien
ouverts et les e fermés à la paysanne.
Mais je ne peux les dire d'affilée, que
dans l'ordre où Monsieur le curé Millet
les récitait au prône. Mettez Pauline
Beauchêne après Adolphe Gressien, ou
Laure Velleau veuve Millet avant Paul
Gentil, et tous ces « paroissiens » me
deviennent des inconnus, ~~Et~~
~~les~~ coiffés de patronymes qui n'ont
jamais eu cours dans la région.

Elle n'est pas encore un secret
l'invulnérabilité ~~que~~
personnes âgées, — du moins un certain
nombre d'entre elles. Leur longévité

COLETTE

germaine beaumont
andré parinaud

© Éditions du Seuil 1951. Toute reproduction interdite y compris par microfilm. ISBN 2-02-000005-9

écrivains de toujours/seuil

luc albert moreau

MAISON NATALE DE COLETTE

J'aimerais bien aussi
y mourir ...

Colette

MA VIE, soumise à tous les hasards des vies humaines, aura été cependant privilégiée. J'ai connu Colette. Il m'a été donné, depuis un nombre d'années que je ne compte plus, de vivre près d'elle, ou tout au moins dans le rayonnement de son génie et la chaleur de son amitié. Le grave honneur qui m'échoit aujourd'hui d'associer mon nom au sien pour un hommage, me fait mesurer l'importance du privilège et l'infini de ses résonances.

Je pensais que cet honneur exigeait la sévérité d'un dessein préconçu, de quelque plan selon le mode classique, et me défiais de la liberté d'une improvisation. Appellerai-je, d'ailleurs, improvisation l'épanchement d'une pensée constante ? Ce que j'écris aujourd'hui n'est-ce point écrit depuis longtemps, et ne suis-je pas semblable à ces avares qui recommencent sans fin leur fortune en remuant les joyaux et les pièces d'or de leur cassette ?

Et puis, comment faire entrer un aussi libre génie dans la cage de fer d'une composition ? Comment saisir et emprisonner ce qui échappe à la contrainte ? Autant assigner au nuage un contour permanent ; à l'oiseau sa route aérienne ; à la source une autre pente que celle de son naturel écoulement. Colette échappe aux méthodes, aux formules, et même aux définitions. Je ne saurais rien dire d'elle, sinon ce que le passage des jours, la diversité des circonstances, l'imprévu de la vie, m'ont révélé. Colette variable. Colette en robe couleur de soleil, en robe couleur de lune, en robe couleur de temps. Colette vivant en Colette, comme la mouvante étoile au cœur du saphir. Colette de ville et Colette des champs, et Colette au bord de la mer. Colette qui fut si impétueuse et cependant si raisonnable dans son activité ; qui est si noble dans l'acceptation de son repos forcé. Colette qui n'est semblable à personne, à qui nul n'est semblable. Colette qui toujours a tout regardé avec des yeux neufs et qui porte en elle une grande et ancienne sagesse, non point celle qui s'acquiert par l'enseignement des livres, mais celle qui sourd au plus profond de soi, sagesse quasi primitive et à peu près infaillible, sagesse élémentaire qui a nourri un style unique, hors de toute époque et de toute mode, joie pour le temps présent, modèle pour les temps à venir, et témoignage de la vivacité fraîche, directe, permanente, de la langue française.

Non, vraiment, il n'est pas possible, il ne m'est pas possible de parler en quelque sorte scolairement de Colette, qui embellit déjà cependant tant de manuels et d'anthologies. Je ne puis parler d'elle que selon mon cœur, et comme au hasard d'une promenade qui, une fois de plus, me permettrait de cheminer à ses côtés, attentive à chaque parole tombée de ses lèvres, aux commentaires drus et savoureux, inspirés par les hasards de la route, et qui pour moi ont ajouté si merveilleusement au trésor de mes jours.

Quelques pages n'y suffiront point. Il faudrait des volumes. Car aux images neuves s'ajoutent cent traits significatifs, et parmi ces traits et ces images, comment choisir ? Déjà, bien avant de la connaître, je savais d'elle tout ce que ma mère, son amie, m'en disait, et qui me semblait trop simple et presque indigne, par sa simplicité, de s'appliquer à une personnalité aussi exceptionnelle. Pouvait-on, ah ! pouvait-on parler de Colette avec des mots de tous les jours ? C'est que j'étais à l'âge malencontreux de l'emphase et du superlatif, et que j'évoluais, sans toucher le sol, dans un étrange univers de majuscules.

Puis j'appris, un matin, qu'en fin d'après-midi, le jour

suivant, je pourrais porter une lettre à Colette, qui à ce
moment habitait rue Cortambert. Je me souviens encore
de la fièvre qui s'empara de moi. Serais-je digne de cette
mission ? Avais-je le temps de la préparer ? Trouverais-je
quelque manière de me présenter, de briller, d'exprimer
mon admiration ? Parviendrais-je en quelques heures à
édifier autour de moi une sorte de palais imaginaire dont
je serais à la fois la châtelaine et le pont-levis, la chapelle
et la tour ? Ma robe de serge bleue à col blanc m'accablait
de sa modestie. J'enviais Esther et ses aromates, ses atours
et ses palanquins. Courte était la distance d'une maison à
l'autre, mais, quand le temps fut venu, de plus en plus
lourd chacun de mes pas. Quelques devantures me ren-
voyaient au passage mes traits décolorés.

Puis je sonnai à une porte, puis je passai sous une voûte,
puis je descendis au flanc d'un jardin vers une petite maison plutôt suisse et embrouillée de plantes grimpantes. Sur
le seuil, baignée d'un reflet d'arbres, se tenait Colette. Elle
prit la lettre que je lui tendais, la lut, m'enveloppa d'un
pénétrant regard et me dit simplement : « Fille d'Annie,
tu tombes bien. Tu vas m'aider à finir d'éplucher des haricots verts. Je fais des conserves. »

Un instant après, j'étais assise en face de Colette, dans
une sorte de cuisine forestière, parmi des bocaux de verre
vides, devant une pyramide de haricots très fins, pendant
que l'eau d'une bassine chantonnait sur le feu doux de la
cuisinière. De mon palais prétentieux, il ne restait plus
rien qu'une poussière allègrement foulée. C'en était fini
des attitudes et des majuscules, et des regards mourants
dans les devantures des magasins, et de mon lyrisme de
pensionnaire. Colette ne m'avait rien dit. Je ne me sentais
ni déconcertée, ni humiliée, ni déçue, ni frustrée, mais
comme quelqu'un qui, ayant jusqu'à ce jour regardé la vie
avec une lorgnette de théâtre mal ajustée, soudain y voit
clair, une main ayant trouvé l'angle juste de la vision.

Voilà où il me fallait en venir. A cet angle juste. Car telle
est Colette. Elle est quelqu'un qui pense juste, qui voit
juste, dont l'oreille, sa merveilleuse oreille musicienne, est

juste. Je lui dois, et beaucoup de ses proches, de ses amis, de ses familiers, de ses lecteurs, le respect de ce qui est juste, une méfiance à l'égard du verbiage et de l'artifice, je lui dois de préférer, à la complaisance, la rigueur.

Les philosophes parviennent à la connaissance d'eux-mêmes — du moins l'espérons-nous — par des raisonnements et des déductions. Colette, par un instinct que j'ennoblirai en le qualifiant d'*animal*, et pour lequel les habillages de la civilisation sont vains. Ni détours, ni tricheries ne lui semblent nécessaires pour penser, ni pour traduire ce qu'elle pense, ce qu'elle aime, et ce qu'elle voit. Qu'on ne l'accuse pas, de ce fait, d'un matérialisme sans élan. La matière est belle. Beau est tout ce qui vit, tout ce qui respire, se meut, s'exprime, se tait, ou demeure simplement à sa place assignée, qu'il s'agisse d'un caillou, d'un coquillage, d'une plante, d'un animal. Tout cela, Colette, qui le voit avec des yeux dont aucun de nous ne possédera jamais l'acuité, le décrit et le traduit en termes dont nul jusqu'ici ne supposait qu'ils pussent correspondre à une aussi exacte vérité.

Se dit-elle poète, celle qui est l'essence même de la poésie, celle qui est toute cadence et sonorité musicale ? Il lui suffit d'aller, parmi d'innombrables mots, tous beaux, vers celui qui seul est juste, parce que sa mémoire lui en dicte l'exactitude technique. Ce n'est pas sans raison que Colette place dans sa bibliothèque, à côté de Balzac, à côté du théâtre de Labiche, les substantiels petits manuels Roret consacrés aux métiers. Colette eût été un ébéniste, un verrier, un potier, un tisserand parfaits. Et de même qu'elle sait choisir ses mots, elle eût su choisir ses outils, que dis-je, les créer, les amener peu à peu jusqu'à l'ultime dépouillement de l'efficacité.

Je ne la connaissais pas depuis bien longtemps qu'elle m'emmena aux Puces, qui n'étaient point alors un rendez-vous de bonne compagnie, mais une plage désolée sur laquelle les grandes marées du destin amoncelaient des épaves dont bien peu osaient prétendre à quelque valeur. Des tapis souillés solidifiaient la boue des terre-pleins. Le vent arrachait à mainte loque de tulle qu'il malmenait,

PREMIER PORTRAIT DE COLETTE

*Que j'avais de charme
à dix-huit mois !"*

Colette

Sous un exemplaire de cette photographie qui portait la mention
« COLETTE A DEUX ANS », Colette a
écrit, en guise de dédicace au déten-
teur : « Pas de truquage d'extrait de
naissance ! J'avais bel et bien trois
ans. Avouez que je ne les paraissais
pas ! »

les paillettes d'un jupon de gommeuse. Les presse-papiers de verre, lorsque la marchande se montrait âpre ou ambitieuse, « allaient chercher dans les trois francs », ainsi que les livres de prix édités par Mame et fardés de rose et d'or. Les demi-solde avaient laissé là leurs cannes torses, Louis-Philippe tout un règne de parapluies. L'opaline brillait bleu, à peu de frais.

Je me précipitais en étourdie, en affamée, sur ce bric-à-brac, mais Colette calma promptement mon ardeur. « Méfie-toi, me dit-elle, de ce qui a une mauvaise forme. » Elle illustra cette sévère parole, en rejetant sur un monceau de ferraille, un couteau à multiples lames que je venais de lui tendre. Elle qui aime les couteaux à multiples lames, m'avait rapidement signalé quelque chose de tors, d'oblique, de réfractaire au maniement, qui rendait l'objet maléfique au regard et dangereux à l'usage. Ainsi m'enseigna-t-elle, ce jour-là, que le domaine de l'exigence s'étend au-delà du vocabulaire et atteint l'usuel ; atteint en fait tout ce que la main au cours d'une journée est amenée à toucher, soupeser, utiliser : la tasse, le verre, la règle, le canif, le cendrier, le porte-plume, les ciseaux, tout ce qui a une densité, un poids, une épaisseur, un contour.

L'harmonie dont Colette a fait son climat, n'a pas d'autre source. Le luxe qui émane de ce qu'elle possède est affaire de perfection, non de prix. Il en est de même des objets de verre qu'elle collectionne, motifs sans fin de délice et d'évasion, et qui montèrent d'abord autour d'elle comme les bulles de savon dont s'enchantent les enfants. S'il faut, pour fuir à certains moments la routine des jours, chausser une pantoufle de verre, que la pantoufle sorte des mains du bon faiseur. Ainsi en sera-t-il de tout ce qui concourt à l'utilité comme à la plaisance. Bibliothèque aux rayons aisément accessibles, fauteuils de bonne hauteur et de bonne profondeur, tables équilibrées.

J'appris, en vivant près de Colette pendant les vacances marines de Rozven (la propriété qu'elle possédait alors en Bretagne), qu'une couverture sur les genoux pendant les heures de travail et après les repas, est une source de bien-être ; que le travail obligatoire perd de ses rigueurs à la faveur d'une lampe « lumière du jour » ; que le papier à copie, teinté de bleu ou de vert, repose les yeux blessés par la réverbération du papier blanc. Pour la même raison, en vertu de ce même respect des sens soumis parfois à d'inutiles ou maladroites épreuves, je fus à même de constater qu'une « vue » sur un paysage, surtout marin, demande un cadre restrictif ; que de trop larges ouvertures sur le ciel et l'eau, provoquent, autant que l'agrément, la migraine ; et qu'il faut doser la beauté comme on doserait tel remède dont le mérite côtoie la nocivité.

J'appris, en sus, le goût du pain bien pétri, des breuvages à la température qui leur convient, des fruits en leur saison et non quand témérairement ils la devancent ; des fleurs qui ne doivent rien au forçage ; la vertu d'équilibre des pieds nus, et le dosage prudent du soleil et de l'ombre, pour les corps anémiés ou fatigués..

De même que pour tout ce qui a trait aux métiers je voyais Colette lire les manuels Roret, je puis affirmer qu'un classique de la perfection ménagère n'a jamais quitté son chevet, et qu'elle s'offre encore le plaisir de parcourir, immobile, les dédales de *la Maison Rustique des Dames*. Mme Milliet-Robinet, auteur de *la Maison Rustique*, ne trouverait rien à redire, n'eût jamais rien trouvé à redire aux maisons, aux appartements de Colette, qu'ils fussent à Auteuil, aux Champs Élysées, au Palais-Royal. Ni dans l'aménagement de la cave, ni dans l'ordonnance des armoires, ni dans l'exposition des chambres, ni dans la composition et la simple excellence des menus, cette Muse du Savoir Vivre ne verrait matière à critique, — et peut-être, qui sait, y saluerait-elle son maître !

Colette m'apprit encore à répudier tout ce qui sonne creux, aussi bien les radis que les discours, tout ce qui est superficiel, indigent ou hâtif, les mets cuits trop vite, les digestions abrégées en faveur d'une promenade, les stupides excès sportifs ; elle m'apprit, elle si naturellement vigoureuse, à économiser la vigueur, elle qui se dit paresseuse, à subordonner le plaisir au travail. Je l'ai vue se refuser une partie de pêche, un vagabondage sur les prés de mer salés par le vent et portant à chaque brindille la bruissante fleur d'un coquillage ; et demeurer la fenêtre close, devant la tâche à entreprendre, cherchant par quelque dessin en marge, quelque caresse incantatoire aux objets qui sur son bureau amusent la main et le regard, le difficile chemin du travail, et puis tout à coup le trouvant, s'y enfonçant, s'y perdant alors pour en émerger, longtemps après, délivrée. Enfin j'ai vu, de « vacances » en « vacances », les piles de papier bleu satiné, puisé dans les caverneuses réserves de la maison Toury-Mèles, croître en hauteur et porter, à leur sommet, les titres immortels de la *Fin de Chéri*, du *Blé en Herbe*, de tous ces livres, mémoires, ou romans, dont chacun semble surpasser l'autre en perfection.

Colette m'apprit aussi d'innombrables noms de fleurs. Elle partageait avec ma mère une science botanique appliquée de préférence aux espèces rustiques, à celles qui croissent en marge des routes, au flanc des talus, en bordure des ruisseaux. Je ne me souviens pas qu'elle en fît jamais des bouquets, me laissant ce plaisir qu'elle considérait — sans me le dire, mais je l'ai lu dans ses yeux — comme une indiscrétion ou comme un pillage. Elle nommait la menthe, le mélilot, la tanaisie, la chicorée, puis nommait à leur tour les insectes affairés qui hantent les campagnes.

Tout ce qui bourdonne, court, se faufile, vole, rampe, transporte pollen et suc de fleurs, et fore le sol, tout ce qui porte cornes et carapaces, tout ce qui se vêt, nuptialement ou par mimétisme, de gaze, de bronze, d'émail ou de soie, j'en sus le nom ; et le nom aussi des papillons balancés par la chaleur et le vent sur le colza, le sarrasin, le trèfle et la luzerne, ou sur les terres pauvres, mangées de fétuques, ou sur les haies de lissier, ou sur les buissons de budleyas dont les longs thyrses violets, amis de la guêpe, prolongent jusqu'aux arrière-confins de l'été le souvenir délicieux des lilas.

Nous allions vers des châteaux perdus derrière de hauts arbres dépenaillés par les souffles marins. Au pied des murs gris flambaient des capucines et les fines grappes orangées des montbrétias. A travers des clôtures effondrées qui livraient les guérets aux jardins et réciproquement, quelque modeste châtelaine appelait ses poules en remuant du grain dans une cuvette jadis émaillée. Les chiens — c'étaient alors Bellaude et Pati-Pati — eussent aimé faire connaissance de plus près avec les poules, rendre visite à la dame inconnue en sarrau noir et chapeau de jonc. Colette, d'un mot jamais prononcé plus haut que le ton habituel de la conversation, les rappelait aux convenances et sur le même ton, s'ils se montraient enclins à désobéir, leur rappelait d'anciens méfaits, — ce qui les rejetait, penauds, sur nos talons.

Cet art de se faire entendre d'une bête rétive, confine à la magie. Je ne crois pas qu'il s'agisse de domptage, ni d'une volonté imposée par un fluide magnétique. J'y verrais plutôt une communication très profonde et comme le dernier lien qui unit les êtres primitifs à la nature ; comme un langage de jungle, exhalé plus que parlé, volant de souffle en souffle, de cime en cime, ou cheminant sous terre pour reparaître et se perdre encore ; insaisissable pour les mortels, réservé encore à quelques sorciers, à quelques sourciers.

Ce pouvoir de Colette, j'en eus la preuve au début de l'autre guerre, lors d'une visite à un chenil de « policiers » en cours de dressage. Les animaux furieux se jetaient en hurlant contre les grillages des niches. Le passage de Colette dans la travée, les réduisit à un total silence sans qu'elle eût dit autre chose que : « Eh bien, eh bien... »

Parmi les plus belles pages de Colette consacrées aux bêtes (mais qu'il est difficile de choisir !) on retrouve à tout instant, par la modération même du ton, de l'expression, le discret et comme impalpable aveu de ce pouvoir secret. Il semble plus évident encore lorsqu'il s'agit des chats. Je garde d'elle, précieusement, une grande photographie, qui la montre à demi étendue sur un tapis, et jouant avec le chat-tigre qui répondait (eh oui, il répondait) au nom de Bâ-Tou. Qui partageait avec Colette la soumission caressante du redoutable félin ? Un dompteur ? Non.

Une toute jeune femme de chambre, Virginie, aux pieds de laquelle, Colette absente, Bâ-Tou venait de son plein gré s'étendre et ronronner. Quand ce ronron aux puissantes sonorités de moteur gênait la jeune fille dans sa rêverie ou son travail, elle toquait de son dé à coudre le museau de l'animal... Bâ-Tou, ingouvernable pour le commun des mortels, terreur des télégraphistes et des livreurs, des chiens du voisinage et des promeneurs, Bâ-Tou dut prendre le chemin d'un Zoo, mais pleuré des deux seuls êtres au monde, deux femmes, et désarmées, qu'il n'eût jamais griffées.

Les rapports de Colette avec l'écureuil Piti-Riqui, furent moins dangereux, encore que Piti-Riqui fût tout aussi sauvage. Je ne connus Piti-Riqui que peu de temps. Je pus cependant voir monter comme une flamme rousse aux plis des rideaux de la rue Cortambert, la fantasque créature, qui, malheureusement pour la paix du logis, passait le meilleur de son temps à ronger le haut des anneaux de bois. Travail d'écureuil tout de minutie et de précision, aussi réussi que celui du loir qui parvient à vider un fruit sans en altérer la forme.

Le moment venait où la moindre secousse achevait de détacher de la tringle le rideau, qui s'abattait avec un grand bruit, renversant tout ! Évidemment, on pouvait remplacer les anneaux de bois par des anneaux de métal, mais les écureuils n'aiment pas le métal. Ou, à l'extrême rigueur, enfermer l'écureuil... Enfermer l'écureuil ! La nature résolut l'insoluble problème. L'arrivée d'une demoiselle écureuil dans un proche jardin, entraîna Piti-Riqui, lequel retourna à la vie libre, non sans être venu présenter sa fiancée à Colette. Ils furent deux, une saison, à voleter autour de la maison, avant que l'amour les retranchât définitivement d'un univers de convenances qui n'était pas fait pour eux.

Une autre photographie ancienne dont je tire vanité, l'ayant prise moi-même, me montre Colette assise dans l'embrasure d'une fenêtre, à Rozven, élevant dans le soleil comme une jarre la chatte siamoise aux yeux d'opale, aussi précieusement incongrue dans cette retraite semi-

COLETTE ET « BA-TOU », LE CHAT-TIGRE

paysanne qu'une porcelaine de Chine sur la cheminée à hotte d'une maison de pêcheur ! Et puis il y eut la petite bull d'une intelligence humaine presque gênante, et dont la mort affecta silencieusement Colette.

Mais quand donc la souffrance, physique ou morale, n'est-elle pas silencieuse, chez cette Colette que chacun croit connaître et qui cependant parle si peu de ses ennuis ? Il m'est arrivé souvent de méditer sur cette faculté de silence et de réserve concernant les choses essentielles, sur cette pudeur d'une femme qu'une assez brève carrière théâtrale semblait avoir libérée de toute attache, de toute tradition bourgeoises. Cependant, les êtres très près de la nature sont ainsi. Un animal blessé et souffrant se cache. Et l'on ne sait pas ce qu'est la dignité portée jusqu'au sublime, si l'on n'a pas vu mourir un ramier sauvage.

Cette faculté de silence m'amène à parler d'un incident bien lointain. Au cours d'un séjour en Bretagne, Colette fut invitée à prendre le thé à Paramé, dans une maison amie où je l'accompagnai. La jeune sœur de la maîtresse de maison avait une belle voix naturelle, et Colette désirait l'entendre chanter des mélodies de Duparc. Mais quand nous arrivâmes, ce fut pour apprendre que l'accompagnatrice, malade, ne pourrait venir. Il y eut un moment d'embarras et de déconvenue, puis Colette proposa de se mettre au piano, ce qu'elle fit. La façon dont elle posa ses mains sur le clavier m'est encore présente. Elle joua et la jeune fille chanta. Puis Colette continua de jouer seule dans un silence profond qui semblait s'étendre à toutes choses par delà la banalité de la demeure, du jardinet et de la rue, par delà la ville, par delà la mer.

Cela dura très longtemps jusqu'à ce que Colette s'éveillât de ce songe, et, avec une brusquerie aimable, revînt parmi nous. Personne ne dit mot, comme si nous avions assisté à un spectacle qui ne nous était pas destiné. On goûta dans le bourdonnement des guêpes et le tintement des cuillers. On se sépara. La voiture de location qui nous ramenait, Colette et moi, vers Rozven roulait dans le frais crépuscule de l'été déclinant. Je murmurai étourdiment : « Mais,

Colette, je ne savais pas que... ». Colette posa sur mon genou une main qui m'enjoignait le silence, et nous rentrâmes dans la maison sans piano, avant de regagner, en octobre, une autre maison au piano toujours fermé. Mais j'en savais assez pour comprendre un des secrets du style de Colette, et sa musicale infaillibilité. Peut-être est-ce aussi la poursuite d'une cadence intérieure, le recommencement de telle phrase aussi obsédante que celle de la sonate de Vinteuil, qui tient parfois Colette dans un grand repos aux paupières closes, qui n'est pas le sommeil. Mais je dois dire que ces silences-là ne ressemblent en rien au retranchement auguste du génie. Personne ne songe moins que Colette au génie. Personne ne se montre aussi sévère envers soi-même ni plus soucieux d'une opinion, que celle qui, précisément, ne devrait jamais trembler. On s'aperçoit alors que Colette — ne vous récriez pas — est timide.

La première fois que Colette, me tendant une page bleue couverte de son écriture et fleurie en marge d'oursins, de poing-clos, et de dahlias, me pria de la lire en me demandant « si ça pourrait aller », je crus à un jeu, que démentit aussitôt l'expression sincèrement anxieuse de son regard. Je lus une des plus belles pages du *Blé en Herbe*, ne trouvai à mon tour qu'un regard, et Colette dit simplement : « Ah bon. Tu me rassures. Maintenant on va jouer. »

Jouer, c'était, cette saison-là, nous rendre à pied au village de Saint-Coulomb, où nous achetions à la succursale de la maison Mahé-Guilbert (tissus), insérée dans la mercerie locale, des mètres et des mètres de crépon de soie, pour les convertir en chemises de nuit, flatteuses certes mais informes, lesquelles n'avaient d'autre mérite que d'être bordées à l'encolure (carrée) et aux emmanchures (vagues) d'un point de feston exécuté au crochet, avec du cordonnet de soie de teinte contrastante.

Le contraste était ce qui nous préoccupait le plus. Il s'agissait d'en trouver qui pussent concilier ces deux extrêmes : la distinction et l'originalité. Foin du bleu sur du rose, et réciproquement ! Le crépon de soie lui-même échappait à ces thèmes faciles. Soit que le voisinage des côtes d'où s'embarquent tant de marins vers les îles, fût une source d'exotisme, soit que la maison-mère dotât ce village reculé de quelques « rossignols » répudiés par les villes, les couleurs ne laissaient pas d'être surprenantes. Un mauve qui n'a pas dit son véritable nom, un saumon qui se réclamait de la savonnette, des verts strictement vénéneux, et des bleus qui outrageaient le ciel, se trouvaient soudain tempérés, puis rehaussés artistiquement de vert sombre, de blanc, d'ivoire, et de grenat.

C'étaient ensuite des courses à qui terminerait le plus vite la chemise, après avoir ignominieusement bâclé les coutures et les ourlets qui soutenaient le point. Quoi qu'on fît, en dépit de nombreux efforts pour dissimuler notre ignorance totale de la coupe, les chemises pendaient de chaque côté. « Ça ne fait rien, disait Colette. Nous resterons couchées. On ne verra que le haut. »

Le haut, effectivement, justifiait nos espérances. Pas longtemps. La première lessive en amollisait le contour. Une seconde lessive l'achevait. Les femmes de Barbe-Bleue, sur leurs cintres, devaient avoir cette langueur-là. Des séances de couture aussi intenses ne se déroulaient pas dans un silence de cloître. Quelqu'un, qui ne cousait pas, lisait. Un feuilleton du Petit Parisien fit tout un été nos délices. Il s'étendait abondamment sur les infortunes d'un jeune noble prénommé Hubert, dont les parents possédaient un castel si élégant qu'il ne comportait pas moins de deux salles à manger ! Ce castel en dépit de (ou à cause de) son faste était hypothéqué jusqu'à l'andrinople qui consolidait l'intérieur de ses tours. Cela obligeait Hubert à renoncer à une jeune fille pauvre qu'il aimait, pour épouser une demoiselle mieux rentée, laquelle le faisait souffrir mort et passion, avant de périr mystérieusement empoisonnée — sans que l'on sût si elle s'était mordu la langue, ou si, dans une minute de distraction, elle avait consommé une pleine soupière de bolets Satan.

Nous pleurions de rire. Parfois aussi nous participions à un jeu importé et inventé par Léopold Marchand, et qui consistait à remplir, par un adjectif proposé au hasard, des blancs aménagés dans un récit d'ailleurs tout simple. Ainsi truffé d'incongruités, le récit atteignait parfois au sublime de Lautréamont et des cauchemars.

— Écoutez-moi tous, commençait Léo. Je commence : « Nous marchions sous une pluie exsangue et caramélisée...

— Léo, tu inventes, disait Colette.

— Non, madame, non. Je ne me permettrais pas d'inventer.

— Prends-lui son papier, m'enjoignait Colette.

L'honneur me commandait d'affirmer que Léo n'inventait rien.

— Bon, disait Colette, continue.

— ... lorsque nous arrivâmes à un presbytère badin. La servante qui était moisie nous offrit des mûres gothiques accompagnées d'un verre d'eau bien camphré...

Un autre jeu consistait à suggérer des définitions pour des personnages dessinés par Léo. Cela entraînait très loin dans l'absurde. Tout un été, Francis Carco nous enchanta de chansons qui allaient du folklore au répertoire des Bat' d'Af, en passant par le Chat noir. Le vent les effeuillait par la fenêtre ou le long des sentiers douaniers, qu'un âne errant et obstiné barrait parfois, nous contraignant à choisir entre l'abîme et l'épineux ajonc.

Chaque année ou presque, je retourne à Rozven en pèlerinage. Comme si le magique passage de Colette imposait à ce lieu de ne changer jamais, je retrouve toute chose à sa même place : les ornières du chemin de goémon, les fusains surbaissés par la pesée du vent, les joncs secs, les rochers aux stries profondes. Du Meingat à la pointe osseuse qui sépare la plage de Rozven de la plage des Coquillages, la mer tend sa soie verte et bleue, la même barque cancalaise incise le ciel et l'eau, du tranchet de sa voile. Et tout en ce lieu m'est garant que le style de Colette est au service d'une observation rigoureuse de la nature. Loti transposait ses descriptions, les colorant de sa nostalgie intérieure, mais ce que dit Colette est vrai. Vrai en couleur, et aussi en cette saveur particulière qui vient de ce qu'elle sait respirer et goûter, tout autant

COLETTE A CINQ ANS...

...ET Colette guère plus agée

que regarder. Comment en serait-il autrement ? Je l'ai
vue si souvent humer, puis porter à ses lèvres un fruit,
qu'il fût d'espalier ou de haie ; je l'ai vue tant de fois
palper mûres et nèfles, ouvrir d'un coup de dent la noi-
sette encore pleine de lait. L'automne gantait de perles
ses bras lisses, plongés parmi les ronces, les épines, les
herbes tranchantes. Je ne vis jamais à ces bras, immunisés
par la tranquille audace de leurs mouvements, la moindre
trace d'écorchure, la nature se montrant, pour sa fille
préférée, aussi bienveillante que Bâ-Tou.

Dans les premiers livres de Colette, dans ces *Claudine*
du début, comme il est facile de séparer de la vérité
essentielle du texte l'apport d'une influence étrangère, et
de ne retenir que la fille de Sido courant les bois et sau-
tant les ruisseaux. Là aussi nous savons, par l'image et
par le film, que ce que Colette a dit de son pays natal,
de sa maison, est la vérité, sans même les retouches poé-
tiques du souvenir. La poésie n'est pas dans l'art de Colette
un tardif embellissement, c'est ce qu'à tout moment
elle a perçu, saisi, gardé vivant comme sont vivantes
les fleurs de ses boules de verre. Tout enfant, qu'elle
était loin déjà des poncifs, et dédaigneuse des thèmes qui
deviennent si vite faciles, du vieux toit et de la lampe.
Elle était bien l'enfant de cette mère — unique, elle aussi,
par son sens inné des vérités essentielles, des pitiés jus-
tifiées, et par son sens si profond de la nature. Colette
n'est-elle pas l'enfant qui devait porter au plus haut
un art inclus déjà dans la célèbre lettre du cactus, l'enfant
qui parlerait sans tricherie des châtaignes d'eau, des
pentes caillouteuses que verse une petite ville vers les
prairies qui cernent ses vieux murs, des ponts formés
d'un tronc d'arbre et sous lesquels fuit une eau pleine
de traîtrise ? L'admirable sentiment de la nature qui
rend encore si odorante et si verte l'œuvre de George
Sand, nous le retrouvons en Colette plus vif encore, plus
condensé, plus direct.

Il est bien singulier d'apprendre ainsi tant de choses,
sans que s'y ajoute le souvenir d'une leçon. Quant aux
conseils, les seuls que prodigue l'amitié de Colette, ils

sont de l'ordre de ceux qui joignent le pittoresque au pratique. Que n'en a-t-elle fait un manuel ! Beaucoup de femmes, beaucoup d'hommes aussi, pourraient le consulter avec fruit ; ils y trouveraient l'antidote que réclame une humanité impatiente, lésée en tout, incapable de se créer, par le simple exercice de l'observation et de la raison, de bienheureux îlots de bien-être, des refuges de quiétude et de détente.

Mais peut-être d'aucuns s'élèveraient-ils contre le bon sens d'un tel ouvrage, de même que j'ai vu s'effaroucher de la simplicité d'accueil de Colette, des visiteurs qu'une mise en scène littéraire eût probablement comblés. La voix de Colette, où roule une voiture lointaine, son dédain des phrases toutes faites, il y a de quoi intimider, déconcerter même. L'image dessinée par les *Claudine*, *l'Envers du Music-Hall* et *la Vagabonde*, cache encore, pour qui ne se donne point la peine d'une lecture attentive, la probité intellectuelle de Colette, son exactitude et sa fermeté.

Je puis en parler en toute connaissance de cause, ayant été longtemps, au *Matin*, la secrétaire de Colette. Je puis affirmer la régularité des heures de travail, l'ordre qui régnait dans le bureau, le soin avec lequel elle lisait les contes qu'il lui appartenait de choisir pour les *Mille et Un Matins*. A cette direction littéraire se joignait le difficile métier de critique dramatique. Que n'a-t-on gardé ces comptes rendus, qui, en peu de mots, dégageaient tout ce qu'il fallait retenir d'un spectacle. Mais direction littéraire et critique dramatique ne dispensaient pas Colette de ses devoirs de maîtresse de maison. Je crois que c'est à ce moment qu'apparut aux côtés de Virginie, dans le petit hôtel du boulevard Suchet, la fraîche Pauline, qui n'a jamais quitté Colette, et qui, sous ses cheveux grisonnants, est toujours la fraîche Pauline.

Sans doute, à tant de dons, Colette a-t-elle su ajouter celui de susciter les grandes amitiés, les grands dévouements, les grandes fidélités. Il me semble qu'autour d'elle j'ai toujours entendu résonner les mêmes noms, vu les mêmes visages, et les disparus eux-mêmes occupent une place que l'absence ne leur a jamais ôtée. Ma mère est toujours vivante pour Colette, comme sont vivantes Claude Chauvière, Hélène Picard, Marguerite Moreno, et d'autres, et d'autres...

Colette a beaucoup aidé Claude Chauvière, qui me remplaça près d'elle au secrétariat du *Matin*, et qui menait une vie singulière et difficile. C'était une ennemie née de l'ordre social, et qui dissimulait comme une faiblesse un mariage régulier, honorable, et même flatteur. C'était aussi une athée, qui, brusquement, se convertit. Colette gouverna d'une main légère et bienfaisante cette barque portée par des courants contraires et sans cesse démontée. Elle la mena vers le repos.

Hélène Picard apporta tout à coup une tempête méridionale dans notre Ile-de-France. Elle arriva, noire d'un récent veuvage, mais coiffée d'oiseaux de turquoise. Bohémienne par tous ses instincts, elle avait répandu des flots de poésie sur la sous-préfecture de son mari, et aussi tout le lyrisme et toutes les capucines de la province. Une passion tardive qui ressemblait à un envoûtement fit dévier son talent remarquable, et s'épancha dans un volume de vers d'une sauvage et déchirante beauté. La bouffonnerie de son existence quotidienne eût abusé quiconque sur sa réelle valeur, mais non pas Colette. Sans Colette, Hélène eût vécu dans le dénuement et la solitude, car elle était inadaptable. Fourmi aux ailes de cigale, aucun gîte ne l'eût accueillie. Colette lui trouva un appartement, l'y installa, veilla sur elle avec une sollicitude en apparence amusée, mais constante, mais efficace ; ne cessa de s'émerveiller d'une blancheur ensorcelée qui refusait le hâle ; abattit d'un coup de ciseaux une tignasse de romanichelle ; assura à ce farfadet ce qui était nécessaire à sa vie matérielle, aussi bien qu'à ses charmantes divagations. Parmi les grottes lilliputiennes aménagées à grands renforts de plantes vertes et de petits cailloux, où des grenouilles nostalgiques refusaient de grimper à des échelles pour indiquer le temps, parmi des buffets juponnés de mousseline à pois et des lampes ombragées de volants, Hélène, grâce à Colette, put mener son étrange vie de poète, sa cruelle vie de malade, et s'acheminer doucement vers sa fin. Amitiés sans attendrissement mais sans défaillance, préférant, aux propos vains, de discrets secours. Je ne parle guère de Marguerite Moreno à Colette quand je la vois, parce que je sais, parce qu'elle sait, que Marguerite est toujours là.

Colette n'a pas le culte du tombeau, le goût des ornements funèbres ni des lamentations rituelles, pas plus qu'elle n'approuve la sensiblerie qui maintient vivants le chien aveugle, l'oiseau aux ailes rompues. Sa pitié va vers le survivant plus que vers le mort. Vers tous les êtres que l'on peut encore aider par un acte, une parole, une démarche. Que de lettres, écrites sous mes yeux, que de coups de téléphone, que de recommandations...

C'est à travers ces occupations multiples et ces croisades du cœur que son œuvre se poursuit. On commence à remarquer que cette œuvre s'élève. Rien ne saurait en perfectionner la beauté musicale, mais il se dégage des personnages, des situations, ce qu'à une autre époque on eût appelé une morale. Tout cela est né de Sido qui, entrant dans l'histoire littéraire de son pas tranquille, affairé, s'exprime avec un bon sens coloré, ne parle jamais de Dieu mais pratique la charité évangélique, commente la vie mais en termes dont le tact et la mesure effacent les inavouables laideurs, Sido qui tantôt rafistole le cordon mille fois cassé de son lorgnon, tantôt taille ses rosiers, tantôt écrit à sa fille, tantôt, montant et descendant les escaliers de la maison aux volets rapprochés à cause de la chaleur, symbolise la vie aux travaux ennuyeux et faciles, la simple vie dont elle se fût contentée, si tout à coup, Colette, allant la prendre par la main dans son obscurité douce et dorée, ne nous avait dit : « Telle fut ma mère ».

Sido appelant vers le soir ses enfants égaillés, Sido soignant la chatte, Sido sur son perron, a comme épuré, en l'élevant, une œuvre déjà vaste, déjà dotée de deux personnages qui vont rester comme des types : Claudine et Chéri. Or s'il est difficile de faire passer la fiction dans le domaine de la réalité, il est plus difficile encore de faire passer la réalité dans le domaine de la fiction, de prendre le personnage réel et périssable pour l'éclairer des feux d'une éternelle vérité. Et sans doute Colette se préparait-elle presque à notre insu à cet art supérieur. Toujours ennemie de l'inutile, elle n'a cessé de s'imposer de nouveaux dépouillements, de nouvelles économies, une sévérité pour elle-même de plus en plus rigoureuse. A aucun moment on ne la voit se reposant sur un succès, ni sur les louanges d'un public enivré.

Pendant longtemps on a cru qu'elle était le plus merveilleux des écrivains *terrestres*, le plus apte à comprendre les instincts et les appétits ; et, en quelque sorte, à les absoudre. Cela est vrai, peut-être, de l'époque où elle se cherchait à travers maints miroirs déformants. Mais tout cela sera dépassé sur cette route qui mène à l'*Étoile Vesper*, au *Fanal Bleu*. La peinture aiguë et savoureuse de certains milieux et la puissance comique qui s'en dégage, s'écartent sur le drame, comme certains rideaux aux joyeuses couleurs s'écartent sur les mystères de la nuit. Les dernières pages de *Claudine s'en va*, la mélancolie de *la Retraite Sentimentale*, ont insensiblement amené le suicide de Chéri, le départ de Julie, *Duo*, et toutes ces capitulations tragiques devant les forces invisibles qui ne sont point nommées. Mais Colette ne s'abandonne pas à la facilité des commentaires. A nous de mesurer que la mort d'un être futile qui n'a pu s'affranchir de son amour, qui n'a pu s'inventer d'autres buts ni plonger au sol d'autres racines, rend un son si grave, que le bronze en doit couvrir d'autres voix plus aimables et plus légères. C'est que, d'observatrice, Colette est devenue moraliste. Et c'est la justesse de l'observation qui fera passer Gigi sur le plan de cette morale élémentaire qu'est l'innocence récompensée.

J'ai dit que Claudine, que Chéri étaient devenus des réalités. Avec Gigi, cette réalité touche à la féerie, comme

SIDO A QUARANTE-CINQ ANS

tout est féerie dans la plus concise et la plus merveilleuse des histoires courtes de Colette. Rien ne manque à cette Cendrillon, pourvue d'une marraine dissolue qui lui enseigne l'art de plaire, et d'une famille attachée à l'irrégularité au point de l'élever à la dignité d'un dogme. Rien ne manque, que l'exemple de la vertu. Les devoirs de l'inconduite impliquent la réussite, mais dans le déshonneur. Or le déshonneur n'est pas le climat de Gigi. Et c'est cet innocent aveu qui met le Prince Charmant devant ses responsabilités. Et Gigi sera épousée, tout comme si plusieurs siècles de morale bourgeoise l'avaient préparée à cette fin.

A aucun moment, d'ailleurs, Colette n'insiste sur l'influence de la corruption. La corruption repose, somme toute, sur les facilités d'une époque heureuse, disons athénienne, mais qui n'est pas faite uniquement de loisirs, de galanterie rémunérée, de plaisirs battus en mousse de champagne, et qui comporte en toile de fond le doute, la solitude, et la misère de l'âme vainement en quête d'absolu.

Quelque chose en Colette, un désir de justice élémentaire, de justice sans tribunal, s'est toujours débattu contre la condamnation sans appel, comme devant la soumission au pire. Ses personnages ne sont pas tout d'une pièce mais réhabilités par leur faculté de dédoublement. Maugis est aussi Renaud. Minne, égarée sur les chemins du libertinage, est aussi fondamentalement honnête que Gigi, et c'est auprès de son mari qu'elle trouvera le bonheur. Une profonde miséricorde distribue telles consolations qui semblent n'être que physiques, et qui, par le confort, atteignent des régions bien autrement profondes. Mais cette considération pour l'être malheureux et blessé, cette indulgence pour le pécheur et la pécheresse, exilent cependant de leur cercle magique, les transgresseurs de certaines lois. Il y a une maudite dans l'œuvre de Colette, et c'est la jeune femme qui a essayé de tuer la Chatte.

Ainsi ai-je perçu, sous une apparence courtoise, l'ostracisme qui, dans la vie, bannit du cœur de Colette telle personne dont cette sourcière a deviné l'aridité ; et le léger, très léger, presque imperceptible mouvement de recul, qui l'éloigne d'un être dont elle sait que, sous des apparences parfois fort belles, et semblable en cela au couteau à multiples lames, il a « une mauvaise forme ».

J'ai assez dit ce que pouvait être la fidélité de Colette à ses amitiés, pour répondre à qui la trouve infidèle aux horizons. C'est que Colette est nomade. Je ne sais pas pourquoi je dis cela. C'est quelque chose que je pense profondément, et pas seulement parce qu'elle a si facilement adopté la sandale des pèlerins et des maures, et pas seulement parce que cette sandale lui était imposée et qu'elle en a pris l'habitude, mais parce qu'elle a retrouvé, avec la sandale, le contact du sol, le contact des sables, cher aux grands voyageurs, dont elle a l'étroit et clair regard de perpétuelle prospection.

Claudine déjà « s'en allait ». Ainsi, Colette, de son pays natal. Elle s'en allait de ses sentimentales attaches, et toujours avec le plus mince bagage. Colette acquiert très peu, et sa maison, en dehors du nécessaire et d'un peu de superflu, ne s'est jamais encombrée. Elle a été cette vagabonde sans chaînes, contente d'un gîte de passage, et point tellement ennemie de ces hôtels près des gares d'où l'on entend siffler les trains. Elle a souvent parlé de migrations. Je l'ai vue suivre des yeux les oiseaux libres, et entendue louer en la tortue une immense capacité de fuite. Elle avait en effet à Rozven une tortue qu'on lui rapportait de très loin, après des temps d'absence relativement courts. Les pas de Colette sur le sable de la plage imprimaient leur belle forme, et sa fille, dès qu'elle put se tenir sur ses petits pieds, ignora la contrainte des souliers. Je verrais très bien Colette traverser les déserts dans ces robes flottantes qui ne gênent point le corps, mais au moindre mouvement paraissent l'aérer. Son goût juvénile de la gymnastique la libérait, sous une forme restreinte, de la vie sédentaire. Rester assise devant son travail lui causait la mortelle impatience de quiconque chérit l'activité. Enfant, elle était l'enfant de la découverte et des escapades, et jeune femme, elle suivit les troupes de music-hall comme elle eût suivi, en un autre temps, les baladins et leurs voitures, les bohémiens et leurs roulottes. Le sommeil en dehors des chambres, les longs repos en dehors de la maison l'ont toujours attirée, comme l'attirent les fenêtres avec leurs appels de ciel et d'espace.

Elle était capable de promenades très longues, et les faisait de ce pas égal qui, sans hâte, réduit si vite les distances. Ce n'est point avec de tels goûts, émanant d'un instinct très ancien, que l'on se complaît longtemps dans le même endroit. Ce n'est point affaire de désaffection, mais obéissance à un appel. J'ai vu Colette s'éloigner de la Bretagne qu'elle aimait, pour aller à Saint-Tropez qu'elle aima, puis opter pour l'Ile-de-France, et passer de la Gerbière au Parc, après un arrêt à la Baguenaude. Qu'a-t-elle trahi ? Rien de ce qu'elle a écrit sur ces campagnes, ces plages, ces ciels, ces végétations si diverses, ne porte un signe de condamnation ou de lassitude. Elle est simplement une voyageuse qui a passé, qui s'est arrêtée un instant, un court instant, et qui est repartie. Et le film qui lui a été récemment consacré, a enregistré ces départs inévitables après des repos, des haltes, plus ou moins brefs, mais aucun des commentaires n'a marqué autre chose que la plus louangeuse tendresse.

Par contre, infidèle aux lieux, infidèle aux appartements comme aux maisons de campagne — car le Palais-Royal marque un retour après un premier départ, et entre temps il y eut d'autres séjours parisiens, — Colette est exceptionnellement fidèle aux objets. J'ai toujours connu Colette, quelle que fût alors son adresse, dans le même cadre, avec les mêmes presse-papiers de verre sur la cheminée, et, dans une petite vitrine Restauration en forme de coffre évasé, la même profusion de colliers multicolores. Sous ses yeux chatoient les mêmes papillons du Brésil dont le bleu est celui de la source mystérieuse et, dit-on, radio-active, qui donne son nom au domaine de Marguerite Moreno à Touzac.

J'ai toujours vu dans sa chambre, dans son salon, la chauffeuse avec son ourlet de bois, les fauteuils gondole dont les tons de bronze appellent le rehaut d'une bande de tapisserie, faite par Colette d'après des dessins qui ont banni les fleurs au bénéfice des papillons et des fruits. La guerre, l'occupation, puis l'immobilité ont placé entre les mains de Colette ce moyen d'évasion intellectuelle, de détente morale, qu'est une tapisserie. Son goût des couleurs y trouve d'autres plaisirs, goût que je lui ai toujours connu, lorsque par exemple elle choisissait les percales à bouquets serrés, d'une des chambres du boulevard Suchet.

Je garde précieusement — le sait-elle ? — un petit morceau de la cretonne à impressions chinoises qui tendait les murs de sa chambre à Rozven. Cela représente sur un fond noir, des dames groupées comme pour un chœur et vêtues des tons les plus délicats, rose de pivoine rose, bleu pâle, et vert laitue. Des branches dentelées de cèdres au-dessus de leur tête, un pont arqué sous leurs pieds, est-il rien de plus chinois ? Est-il rien de plus évocateur pour moi, quand ce fragment de tissu rouvre le chemin de tant de souvenirs, qu'il me rappelle les Kwanin, déesses placides d'un blanc lisse de yaourt, que l'on trouvait encore chez les antiquaires de Saint-Malo. Les marins les rapportaient parmi de moindres trésors, mais ils rapportaient aussi des colliers en pierres de Canton striées comme les graines de capucines.

Colette, qui ne porta jamais d'autres bijoux que ses bracelets d'or, qui n'a jamais pu, sinon par jeu, suspendre une boucle à ses oreilles — et c'était une source de délirante gaieté quand elle nous annonçait : « Attention, regardez-moi bien. Je vais mettre des boucles d'oreilles ! » — Colette, détournée de la parure, amie des vêtements sérieux et même sombres, Colette ne résistait jamais à l'achat de ces colliers frais et lourds, qui allaient rejoindre dans la vitrine Restauration d'autres colliers. Elle en donna un à Claude Chauvière parce qu'il avait la couleur de ses yeux, d'un bleu doux et savonneux, très particulier. Le bleu d'ailleurs a toujours été le fard de Colette, qui l'emploie en écharpes mollement nouées autour du cou, et qui l'a élu pour son papier à lettre et ses manuscrits.

Une des antiquaires, qui se spécialisait dans les chinoi-
series, avait son magasin, passé l'église, en montant vers
la poste. Mais on s'arrêtait d'abord chez Mme Guyomard-
Malouine, ainsi nommée parce qu'il y en avait une autre
— parente, si je ne me trompe — à Saint-Servan. Mme
Guyomard-Malouine, se tenait dans un sombre magasin
que la proximité d'une crêperie emplissait d'une fine
odeur. Cela convenait aux vastes meubles de châtaignier
poli et doré par le temps, qui étaient sa spécialité. Leurs
serrures de cuivre en S doubles, éclairaient la pénombre.
On ne faisait là que des achats sérieux. Mme Guyomard
de Saint-Servan régnait sur des salles moins austères,
vouées aux porcelaines. Les armateurs, les bourgeois
de la région ayant continuellement chéri les porcelaines
amenées des anciennes colonies, on trouvait là des plats
et des services de la Compagnie des Indes, mais aussi,
à une époque où les services de couleur n'étaient pas
encore à la mode, des Rubelle et des Salins d'un vert
d'émeraude, aux motifs de feuilles de vigne et de feuilles
de chou.

Ce vert végétal rendait éclatante la table de Colette.
Ce sont des visions qui demeurent dans le souvenir
comme le vert même des vacances, le vert des arbres,
le vert qui se déroule en transparence sous le bleu de la
vague. Ce premier repas de la journée, dans la petite
pièce qui donnait sur la cour, dépassait en charme les
autres repas dans la grande pièce sur la mer. Les petits
déjeuners bénéficiaient parfois, quand le hasard nous
avait tous menés la veille à Saint-Malo, d'une pleine
corbeille de pains ronds, dénommés « petits bretons »
et qui, vernis et un peu sucrés, n'étaient pas sans analogie
avec les « buns » anglais.

Quelle était au juste la magie des « petits bretons » à la
simple saveur ? Mais cette magie-là, n'était-elle pas aussi
celle de la moindre promenade, que ce fût sur les remparts
ou le long des rues dont certaines semblaient déviées
par de brusques sautes de vent ? Nous en connaissions
tous les détours, toutes les vitrines, celles surtout où
abondaient les instruments de marine d'autrefois, les

sextants, les boussoles, les longues vues, et aussi les astrolabes. Des voiliers voguaient immobiles dans des bouteilles ; d'autres, fixés sur leurs socles de liège, déployaient plus hardiment leurs voiles. Il semblait qu'ils fussent l'alphabet des enfants de cette ville marine, navire elle-même, échoué pour des siècles sur le socle de son rocher... Pour des siècles ?

Tout, avec ou sans raison, fixait le regard. La place du Marché et ses graineteries, les bijoutiers où l'on trouvait parfois les bagues de fiançailles aux cœurs accolés ou ces agrafes d'argent qui disputaient au vent les mantes paysannes et les capes ecclésiastiques. Presque sur chaque seuil s'étalait dans des corbeilles plates la joaillerie éclatante des maquereaux frais pêchés. Sur la petite place de la Poissonnerie, c'était une perpétuelle kermesse de touristes, de consommateurs, de promeneurs, une ronde qui couvrait, du bruit des pas, la rumeur de la mer.

Oui, je me demandai souvent pourquoi chaque chose demeurait si nette, si précise dans ses plus infimes détails et comme soulignée par un éclairage dont j'ignorais la source. C'était simplement que Colette allait partir, allait bientôt quitter sa plage et la maison grise, et la petite corniche rocheuse qu'on appelait le bout du monde, parce que vraiment, au delà, il n'y avait plus rien que l'infini du ciel et de la mer.

Colette allait partir et ne reverrait plus les étranges phénomènes atmosphériques de cette côte, où les courants de l'air marin agglomèrent des poussières de rochers, les tournent en vrilles et leur donnent l'aspect fabuleux des dragons volants ; où la réfraction du couchant dédouble le soleil en parhélies. Elle ne reverrait plus le tortillard de Cancale, crachant lui aussi comme un dragon et coiffé, d'un air un peu ivre, par un panache de fumée, s'enfoncer avec des beuglements à travers les terres hautes en direction de la Houle. Et elle ne reverrait plus Adélie sur le seuil de son restaurant, parmi les plats d'huîtres et les homards, à la manière des mareyeuses dans les tableaux hollandais.

Et Saint-Malo allait être détruit. Longtemps, long-

COLETTE A ONZE ANS

COLETTE A L'AGE DE CLAUDINE A L'ÉCOLE

avant les cheveux courts !
longues tresses et longues
jupes !

Colette

temps après, certes, mais ce départ imminent et cette destruction lointaine cernaient déjà les remparts et les maisons d'un trait puissant comme aux approches d'un orage. Et par un mystérieux renversement occulte, donnait à ce qui allait s'éloigner et périr, la force, la beauté, la stabilité de ce qui ne finira jamais.

Si je m'attache, dans ces pages, à peser davantage sur une période relativement brève de la vie de Colette, c'est à cause de cette lumière qui en baigna, qui en stylisa les contours, qui me fit voir mieux et plus loin et, par une sorte de prescience, retenir avidement tout ce qui passait à ma portée. Regards, propos, promenades, habitudes, et ce qui était futile comme ce qui paraissait plus important, je ne pouvais rien négliger, rien oublier. C'était comme si je fixais ma propre vie à son moment le plus haut, à cause de cette amitié, de ce cadre, de cette intimité marine, si variée, si laborieuse, si joyeuse — qui se prolongeait très avant dans la saison, passé les marées d'équinoxe, passé les premières pluies encore douces — et dans laquelle commençaient à flotter les premiers fantômes d'une lande qui ne les compte plus.

Certes je retournerais à Paris et mes fonctions auprès de Colette me donneraient d'autres loisirs d'étudier, d'admirer et de comprendre. Je vivrais encore près de Colette, je pourrais encore la servir de mon mieux, et, même quand des circonstances nouvelles détendraient des liens si étroits, il n'y aurait jamais d'intermittences du cœur. Il y aurait encore de longues conversations entre nous. Elle me raconterait « La Treille Muscate » et Saint-Tropez, et ses amis de là-bas. Et je verrais fleurir autour d'elle d'autres couleurs, tellement plus brillantes, tellement plus variées que les nuances délicates et jamais définies de la Bretagne.

Elle reviendrait toute hâlée, mais quel hâle serait jamais plus uni et plus doux que celui de la plage de Rozven ? Elle goûterait à d'autres mets, à d'autres fruits, cueillerait d'autres fleurs, mais elle avait cueilli aussi les camélias de Dinan et les mimosas de Cancale et des bords de la Rance. Elle rapporterait d'autres pages, que d'autres regards auraient lues avec la même admiration et la même déférence. Malgré la chaleur elle envelopperait toujours ses genoux d'un plaid, et elle s'endormirait encore de ces sommeils contrôlés qui ne cessaient de provoquer ma stupeur.

Et elle continuerait à veiller sur ma vie, sur ma carrière, avec cette vigilance qui ne s'est jamais démentie. Et moi j'irais la voir au plus haut étage de ce grand hôtel des Champs Élysées où il lui sembla pendant quelque temps avoir résolu le difficile problème des soucis ménagers. Rien n'était plus surprenant que de voir Colette en ce lieu qu'elle avait doté cependant d'une intimité et d'un confort qui rappelaient la province plus que le palace, et qu'elle voulait considérer comme un havre définitif. Mais elle avait beau cultiver des fraises sur le balcon, et chercher des reflets élyséens au flanc de boules de verre, et Pauline avait beau régner sur ce logis avec son habituelle sérénité, rien ne pouvait empêcher que trop d'ascenseurs montassent comme des ludions ou comme les bulles d'une flûte de champagne, et que trop d'ascenseurs redescendissent, et que trop de rajahs réclamassent trop de chambres pour leur suite, et que l'on vît trop de monde dans les couloirs, et qu'à la longue tout cela devînt, malgré le confort, intolérable... Alors elle regretterait l'appartement du Palais-Royal en forme de tunnel, qu'elle appelait la demi-lune, où l'on finissait par mener une étrange vie aux dimensions altérées, et dont la hauteur était rentrée dans la longueur, avec l'élasticité des parois dans les rêves. Et puis il y aurait d'autres essais jusqu'au moment où, cette fois, elle verrait le Palais-Royal dans la beauté de sa rectangulaire perspective, et non plus resserré comme sous une paupière, et limité à des fragments de gravier contenus par des arceaux, sur les galeries trop sonores de déambulations et de voix.

Et toujours, près de Colette, je retrouverais la vitrine Restauration avec ses colliers en graines de capucines, et les boules de verre de la cheminée, et les cannes de verre, et les calvaires en bouteille avec tous attributs de la Passion en verre soufflé, et les papillons de l'Amérique du Sud, et les grands volumes de Pomonologie, et les fauteuils gon-

dole traversés de leur bande de tapisserie. Et Colette me
dirait, toujours avec le même regard, toujours avec la
même voix : « Te voilà, mon enfant ? »

Mais Colette serait plus volontiers allongée, plus ménagère de sa santé sinon de son repos, car je ne me souviens
pas que sa table à écrire fût jamais à distance de ses genoux.
Et il y aurait toujours les objets propices au travail, et toujours le papier bleu, mais aussi cette lampe inclinée, bleue
aussi comme la nuit d'Égypte, vers laquelle tant d'amitiés
et tant de ferveurs ne cessent de se tourner.

L'art d'être immobile, après l'art de se bien mouvoir...
Colette, en passant d'un univers dans un autre, n'a fait
que s'accroître. Ceux qui pensaient qu'elle puisait son
génie dans son activité, qu'il était fonction d'une vie
purement affective, ne sont-ils pas obligés de reviser ce
hâtif jugement ? Certes la vie ne cesse d'affluer vers la
chambre aux murs tendus d'un rouge brillant et chaleureux,
mais ce serait peu, si en Colette ne s'élaborait, par la vertu
des souvenirs, de l'expérience, et de la connaissance, ce
que l'on pourrait appeler un nouveau génie.

Il a pris naissance, je crois, pendant les années d'occupation, quand toute vie pouvait se dire restreinte sinon
recluse. L'obscurité imposée, le couvre-feu, le guet
derrière un rideau qu'on n'ose soulever, derrière une porte,
à cause d'un pas qui tarde, ou d'un pas qu'on n'entendra
pas pendant longtemps, qu'on n'entendra peut-être jamais
plus ; le livre qui tombe de la main, inachevé, la ligne
arrêtée en son milieu ; une tapisserie qui tremble sous les
doigts de sorte qu'on ne peut y piquer l'aiguille, et la bou-
chée qui s'arrête dans la gorge, le pain qui a goût de sable ;
tout cela, qui était le lot de tous, Colette en retenait
chaque nuance, chaque parcelle, comme elle avait retenu
le meilleur d'une vie jadis riante.

Le fanal bleu commençait à briller sur son front et sur
ses mains, à devenir le symbole d'une valeur essentielle,
persistant en dépit du chaos universel et de la minutieuse
horreur de l'oppression. Le Premier Janvier qui rassem-
blait autour de Colette tels de ses fidèles que ne retenaient

ni une geôle, ni une mission, ni une zone, ni aucun des
affreux empêchements qui surgissaient alors, il nous était
doux de penser qu'auprès d'elle il prenait le sens même de
l'espérance. Il y avait des fleurs, et quelques étranges
friandises à base de figue, de raisin, de soja. Mais à la
vérité c'était le temps où un petit paquet de riz, de café,
de sucre, ou une fiole d'huile, ou un morceau de lard,
ou un quart de beurre, reléguaient au rang des plus pâles
accessoires de théâtre les trésors de Golconde.

Colette ne bougeait guère. Elle guettait, elle attendait,
elle souffrait et elle recevait la confidence d'autres peines.
En ces premiers janviers surtout, Paris, le Palais-Royal
ressemblaient à des vues d'optique, vaines et désertes,
d'où la vie humaine est bannie au bénéfice de l'architec-
ture. Colette était seule. Tragiquement d'abord, pendant
trois mois interminables ; puis seule encore, tristement.
La tragédie avait fait place à la séparation, à l'absence. Elle
a peu parlé de ce temps, peu écrit, mais de temps à autre
une phrase, cheminant à travers d'autres phrases, déchirait
le cœur. Colette à ce moment-là abandonna les thèmes
de tapisserie trop compliqués. Elle choisit de recouvrir
une chaise Directoire. « C'est pour le bureau de Maurice
quand il reviendra », me dit-elle. Et elle m'expliqua l'avantage des rayures et des pékinés. Un des avantages c'était
que cela finissait des écheveaux de laine, insuffisants
pour entreprendre de plus grands travaux. Un autre
avantage c'était qu'on n'avait besoin de penser à rien,
ni d'assortir des couleurs, ni de compter des points.
Le tout c'était d'accorder une fois pour toutes les rayures
entre elles. Et elle m'écrivit sur un carnet cet ordre de
couleurs qui prenaient leur relief de place en place, d'un
trait plus sombre, grenat ou brun, presque noir.

Quiconque trouverait dans le carnet cette notation n'y
verrait qu'un renseignement sans portée. Pour moi il
signifie une grande discipline imposée à une main qui
tremble, à une pensée qui s'égare. Il signifie des heures
sans mesure, rassemblées de force pour devenir le temps
normal, nécessaire à l'achèvement d'une tapisserie. Car
elle fut achevée. Et l'absent revint.

Cet espace de guerre et d'occupation, cette coupure profonde dans la vie française ont eu pour effet de dénaturer les valeurs, de remplacer les idoles, de modifier complètement le goût. La littérature s'est donné de nouveaux chefs et la philosophie de nouveaux motifs de désespoir. Le vocabulaire même s'est transformé comme s'est transformé l'argot. Mais aucune défaveur ne s'est attachée à l'œuvre de Colette, parce que l'on s'est avisé que c'était une œuvre classique. Quels que soient les modes d'expression présents ou futurs, elle demeure comme demeurent les chefs-d'œuvre concis et purs qui se nomment *La Princesse de Clèves, Manon, Adolphe,* comme demeurent les Fables de La Fontaine. La concision est le propre du chef-d'œuvre, ainsi que la clarté. Colette use d'un vocabulaire exact, jamais obscur ; et s'il n'appartient à personne d'en démonter le mécanisme, encore que les rouages en soient apparents, personne ne se heurte à une opacité de la pensée, de la phrase, ou du terme. Bien mieux, le lecteur se trouve éclairé par cette limpidité qui réfléchit pour lui tout un monde inconnu, mais ne le laisse jamais devant une énigme.

Les livres de Colette sont courts. Trop courts, pensons-nous. Mais on ne saurait rien y ajouter, pas plus qu'on ne saurait rien en retrancher. En général la littérature, fortement influencée encore par le romantisme qui croyait devoir tout dire et tumultueusement, ne s'impose aucune limite. Entre des confessions marquées davantage par l'indigence du sujet que par la sévérité restrictive de l'auteur, entre ces plaquettes et les volumes-fleuves, un livre de Colette apparaît comme l'exemple même de ce que doit être un livre. S'il s'agit d'un roman les personnages en sont des personnages dont le mystère est celui de la vie, et non de curieuses démarches intérieures. Les mobiles qui les font agir sont des mobiles éternels. L'amour, la jalousie, ou pire, l'absence de jalousie, la recherche ingénue de l'absolu, la passion à sens unique, la légèreté masculine, l'imprudente tendresse, la fuite devant l'amour, le besoin de croire à l'amour, et la lassitude d'aimer. Les grands mots n'y sont guère ou jamais prononcés. Colette nous a dit elle-même ce qu'elle pensait de ce mot : bonheur, — de sa vanité. D'abord, qu'est-ce que le bonheur quand nous sommes heureux sans le savoir, et heureux pour de petites choses qui ne rentrent pas dans le cadre des thèmes héroïques ? Au mot bonheur nous attachons le sens de durée, mais ces bonheurs que nous ressentons sont des éclairs dans notre nuit. Pourquoi d'ailleurs mettre au singulier, pour qu'il nous échappe, ce miracle que nous ne cessons de côtoyer et même de saisir quand il est au pluriel ?

Colette ne parle pas non plus de l'au-delà. Elle a banni la mort de son vocabulaire, et cependant elle a mieux que quiconque exprimé « l'apparition » : cette présence insaississable de l'être qui refuse de quitter la terre, ou qui, l'ayant quittée, revient, non drapé de voiles et tirant des chaînes, mais ici et là révélé par un épaississement de l'ombre, une porte qui bat, ou, dans une pièce vide, le tintement d'un objet touché. Intrusions légères et non commentées d'un autre monde, acceptation de l'indéfini...

Pendant longtemps je vis près de Colette une charmante gravure romantique représentant un jeune laird assoupi dans un fauteuil, et sur lequel se penche un « esprit », celui-ci vêtu d'une jupe en corolle et coiffé de roses comme les mortes du ballet de Gisèle. Des fantômes d'Écosse aux autres fantômes, il n'est guère de fossés qui ne se puissent franchir. Je n'ai jamais vu Colette condamner d'un mot ou d'un haussement d'épaule cette foi dans l'invisible. Logiquement elle eût dû le faire, au nom de son clair bon sens, de sa judicieuse interprétation des signes et des apparences ; mais l'enfant des bois hantés, des vieilles maisons qui craquent la nuit et s'expriment par des voix inconnues, ne nie pas ce pouvoir auquel nul encore n'a donné de nom. D'ailleurs n'aime-t-elle pas Nodier, n'aime-t-elle pas Hoffman, et Balzac qui est allé si loin dans ces espaces qui sont le « no man's land » de la vie et de la mort ?

Ainsi, départageant le bonheur et les bonheurs, l'amour et les amours, se détournant de la mort pour accueillir ceux qui en reviennent, indulgente à tout ce qui peut adoucir la condition humaine, sévère envers elle-même

*Colette à dix-huit ans, à Chatillon-Coligny,
entourée de ses parents et de ses frères.*

Seule cette fois, la même Colette.

quand il s'agit de l'exprimer, ainsi Colette édifie-t-elle insensiblement sa propre philosophie, sa propre religion. La foi et l'espérance ne sont pas nommées dans ses livres, mais la plus difficile des trois vertus, et la moins pratiquée, y abonde : la charité. Charité envers l'animal qui souffre, envers les êtres qui sont seuls. Colette a passé par l'épreuve de la solitude. Un jour où je lui annonçais, avec l'enthousiasme de l'inconscience, que je venais de trouver un appartement (il y a longtemps de cela) au cinquième étage d'un immeuble construit lui-même en surplomb, de sorte que de là j'aurais une vue, ah mais une vue !... Colette me dit : « Méfie-toi de la solitude en hauteur. » Et je ne pris pas l'appartement.

Solitude en hauteur. Appel du vide. Solitude dans des logements plus accessibles, et que l'on essaie de tromper en multipliant les signes du confort, pauvres signes extérieurs qui n'abusent pas sur l'absence d'un accueil, d'un compagnonnage, d'une intervention amicale. Solitude dans ces étranges logis qui abondent à Paris, entre deux cours, ou au fond d'une cour, dans ces « deux pièces » où se réfugient la jeune veuve, la divorcée, la fille dont se prolonge en vain l'inutile jeunesse. Logis devant lesquels on passe sans penser à ce qui s'étiole derrière leur porte close. Logis situés dans des quartiers confortables de sorte que l'on ne songe jamais à plaindre celles qui les occupent, comme si telle moulure au plafond, tel vestibule orné de glaces, telle cheminée de marbre blanc, dispensaient de plaindre et de consoler.

Je n'ai pas souvenir que Colette ait édifié une théorie de la solitude. Elle en a constamment souligné le pouvoir de destruction. On ne peut pas oublier la solitude de Chéri. Ni celle de la femme qui coiffe malencontreusement le képi ; ni celle de *Lune de Pluie*..., ni celle de la Vagabonde à l'étape, ni celle de Julie de Carneilhan dans son invraisemblable tournebride, ni ces autres solitudes qui ne reposent pas sur l'absence de l'amour ou de l'être aimé, mais sur leur présence : la solitude de l'incompréhension mutuelle, et cette espèce d'exil sur place de la créature obtuse ou incomprise. Les deux époux de *la Chatte* en sont l'image même, lui avec son attachement pour un animal en lequel il sent la vérité d'une passion humaine (souvenons-nous ici d'*Une passion dans le désert*), elle, essayant de comprendre et ne comprenant pas, et se heurtant à l'impondérable, à l'inexprimé. Et la solitude de la sincérité affrontant la jalousie, et celle de la jalousie enfermée dans son propre enfer... Et enfin la solitude des faibles, des anormaux, des êtres trop gâtés par la vie parce qu'ils sont entourés de parasites ou de confidents haineux, et celle des êtres pas assez gâtés par la vie, sans relations, sans distractions, prisonniers et prisonnières sans barreaux, qui deviendront des maniaques, nourriront des idées fixes, jongleront légèrement avec le crime, avec le suicide, avec la démence.

Tonique, la charité de Colette va de l'un à l'autre. Elle ne propose pas les consolations du ciel, incertaines et reculées, mais celles de la terre, renouvelées inépuisablement. Le goût des fruits, le goût des mets, les odeurs de la campagne, les spectacles de la nature, le respect de soi-même, le refus du laisser-aller. Pitié qui semble superficielle, et qui va loin, puisqu'elle rétablit un contact entre la solitude et la vie, et qu'elle crée des obligations. Là où l'obligation commence, la solitude perd pied. Elle ne s'épanouit que dans le vide absolu des capitulations.

Il est remarquable qu'une œuvre attentive à tant de souffrances, garde d'un bout à l'autre un mouvement si libre, si heureux. La délectation morose en est bannie comme l'apostrophe lyrique. Endurer, se taire, se parer au besoin pour épargner à autrui le spectacle de ses propres faiblesses, ce n'est pas un conseil que Colette réserve à des afflictions imaginaires. Elle se l'applique à elle-même. Exemplaire est la patience qui la tient allongée ; exemplaire le soin d'elle-même qui rend son chevet si réconfortant pour ses visiteurs. Allais-je dire si riant ? Je ne l'entends jamais se plaindre, et s'il lui arrive de dire : « Je souffre » c'est sur le ton d'une constatation — comme elle dirait, je pense : « Il fait beau ce matin » ou bien : « Nous n'en finirons pas avec ces orages. »

Ainsi s'identifie-t-elle avec son œuvre. Ainsi est-elle

tout entière engagée dans son œuvre, qui, depuis le début, a côtoyé la confession, exprimé un intérêt immédiat pour les événements, les modes, les incidences, qui a paru ne pas se détacher du quotidien, qui a reflété des visages sur lesquels parfois on a pu mettre un nom, des situations puisées dans le courant des jours. C'est, paraît-il, la faiblesse des écrivains féminins de ne pouvoir se détacher d'eux-mêmes, ni créer, ni parler des sentiments objectivement. La lecture de l'œuvre de Colette infirme ce jugement, incite à se demander si l'imagination débridée éclaire autant que cette grave et constante étude du cœur, saisi dans le vif de ses battements. Il est indubitable que le « J'étais là, telle chose m'advint », quand la personne qui le dit se nomme Colette, enrichit davantage la psychologie, que les plus séduisants parmi les thèmes sentimentaux de la fiction.

Colette païenne, Colette incrédule, Colette matérialiste ? Colette païenne nous montre en fin de compte un respect de la personne dans ses souffrances, ses buts hasardeux et désolés et ses erreurs amoureuses, dans tout ce que le paganisme a toujours ignoré ou commodément attribué à une fatalité sans appel. Colette incrédule atteint par la continuelle progression, par la continuelle élévation de son œuvre, des cimes de sagesse, d'abnégation, auxquelles ne parviennent pas toujours des âmes qui se croient saintes. Colette matérialiste a haussé la matière jusqu'à la poésie, ou plus exactement les a si bien intégrées l'une à l'autre que les anthologies ne les sépareront plus. J'ajouterai que rien de tout cela ne reste à l'état descriptif, un peu figé, un peu mort. Que tout est mouvement, circulation d'air, et que les pages les plus fermes, les plus sûres, gardent la vivacité de l'improvisation. Il y a aussi le dialogue, cette aération de la prose. Dans les *Dialogues de bêtes*, Colette annonçait son sens du théâtre, son sens de la chose faite pour être entendue et pas seulement lue. Il y a dans Julie de Carneilhan des répliques qui volent et qui étincellent. De même que, d'un bout à l'autre, le dialogue de *Chéri* porte le caractère définitif des pièces du répertoire, l'infaillibilité de frappe de Beaumarchais et du Musset des *Proverbes*.

La vérité du personnage, l'humour de la situation, la cadence du texte, imposeront peu à peu au théâtre un nouveau style classique, donneront au public de nouvelles exigences. L'oreille de Colette est d'ailleurs sensible à cette résonance de la phrase prononcée à voix haute et qui prend ainsi la plénitude de son sens. Je l'entends encore feuilletant Kipling, s'arrêter au « Meurs ici » de cette nouvelle terrible qui s'appelle « Amour-des-femmes », dont le ton, dont le son, restent fixés dans ma mémoire, comme un inoubliable battement de cloche perdu dans un ciel d'enfance.

Est-ce de si bien connaître le Kipling des nouvelles, qui l'a guidée, amie de la concision, vers ce genre où elle excelle ? Il se peut. Et aussi Balzac. Mais la place manque pour parler des influences, des amitiés littéraires de Colette, et déjà il me faut me détacher de ce sujet trop vaste, et de mes souvenirs trop nombreux. Aussi bien ne suis-je pas sûre d'avoir dit ce qu'il fallait dire. Aucun être humain ne connaît vraiment un autre être humain. Il ne peut que le pressentir, il ne peut que l'aimer. La clef de la connaissance est peut-être là tout entière, là où s'arrête le jugement, où la logique meurt.

Arrêtant là mon commentaire, je dirai encore ceci. Un de mes biens les plus chers est un petit porte-carte en soie bleu pâle verdie par le temps, et dont la couverture est en porcelaine peinte de bouquets (roses, liserons et renoncules) ainsi que la mode le voulait vers 1830. Ce porte-carte contient également un agenda avec, sur la feuille de garde, le mot « Souvenir », au-dessus d'une vignette qui se pourrait intituler « les adieux du Giaour ». Viennent ensuite, les jours de la semaine, à raison de deux par feuillets, avec toute une page pour le dimanche.

Un jour où ma mère était au Marché aux Puces avec Colette, elle vit ce charmant objet qui lui plut, et Colette le lui offrit. Mais avant de le lui remettre, elle écrivit une ligne sous chaque jour de la semaine. *Lundi*, « aller voir Annie ». *Mardi*, « aller voir Annie ». *Mercredi*, aller voir

Annie... Et cela se termine par : « et comme ça, jusqu'à la fin des jours, c'est la grâce que je me souhaite. »

A mon tour, sous une écriture qui m'est chère, j'écris : Lundi, aller voir Colette... Mardi, aller voir Colette... Mercredi, aller voir Colette... Et qu'il en soit ainsi, plaise à Dieu, jusqu'à la fin de mes jours.

GERMAINE BEAUMONT.

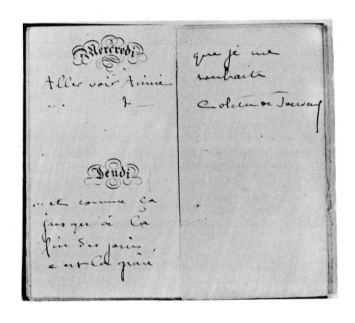

« *Aucune crainte, même celle du ridicule, ne m'arrêtera d'écrire ces lignes, qui seront, j'en cours le risque, publiées. Pourquoi suspendre la course de ma main sur ce papier qui recueille, depuis tant d'années, ce que je sais de moi, ce que j'essaie d'en cacher, ce que j'en invente, et ce que j'en devine ?* »

Ce témoignage que Mme Colette nous a apporté dans *La Naissance du Jour* met en lumière le propre de son talent, le jeu intelligent de sa pensée, le rôle de son imagination... sa tactique, peut-on dire, pour orchestrer le mouvement de son esprit. C'est aussi le plan que nous nous fixerons pour le découpage de son œuvre dans le but essentiel de présenter le *portrait extérieur* et *l'image secrète* de Mme Colette.

Puisse notre admiration pour l'auteur excuser cette audace !

Au temps des peus uns

« ... 1898. Robe d'Old England, rouge ».

Quarante et un ans après avoir écrit son premier livre
Mme Colette nous conte, dans Mes Apprentissages, *comment*
elle fit son entrée dans le monde des lettres avec Claudine à
l'École.

Un an, dix-huit mois après notre mariage, M. Willy me
dit :

— Vous devriez jeter sur le papier des souvenirs de
l'école primaire. N'ayez pas peur des détails piquants, je
pourrai peut-être en tirer quelque chose... les fonds sont
bas.

Je m'émus moins de la dernière phrase, leit-motiv quotidien, varié pendant treize années avec une inépuisable
fantaisie, que de la première. Car je sortais d'une longue,
d'une grave maladie, dont je gardais le corps et l'esprit
paresseux. Mais ayant trouvé chez un papetier et racheté
des cahiers semblables à mes cahiers d'école, leurs feuillets
vergés, rayés de gris, à barre marginale rouge, leur dos de
toile noire, leur couverture à médaillon et titre orné « Le
calligraphe » me remirent aux doigts une sorte de prurit du
pensum, la passivité d'accomplir un travail commandé. Un
certain filigrane, au travers du papier vergé, me rajeunissait
de six ans. Sur un bout de bureau, la fenêtre derrière moi,
l'épaule de biais et les genoux tors, j'écrivis avec application
et indifférence...

Quand j'eus fini, je remis à mon mari un texte serré, qui
respectait les marges. Il le parcourut et dit :

— Je m'étais trompé, ça ne peut servir à rien.

Délivrée, je retournai au divan, à la chatte, aux livres,
aux amis nouveaux, à la vie que je tâchais de me rendre
douce, et dont j'ignorais qu'elle me fût malsaine...

Si je ne fais erreur, c'est au retour d'une villégiature
franc-comtoise, — car ce souvenir s'associe au regret d'un

septembre roux, à grappes de raisins petits et sucrés, de pêches jaunes et dures dont le cœur était d'un violet sanglant — que M. Willy décida de ranger le contenu de son bureau.

L'affreux comptoir peint en faux ébène, nappé de drap grenat, montra ses tiroirs de bois blanc, vomit des paperasses comprimées et l'on revit, oubliés, les cahiers que j'avais noircis : *Claudine à l'École.*

— Tiens, dit M. Willy, je croyais que je les avais mis au panier.

Il ouvrit un cahier, le feuilleta :

— C'est gentil...

Il ouvrit un second cahier, ne dit plus rien ; un troisième, un quatrième...

— Nom de Dieu ! grommela-t-il, je ne suis qu'un c...

Il rafla en désordre les cahiers, sauta sur son chapeau à bords plats, courut chez un éditeur, et voilà comment je suis devenue écrivain.

Je ne connus, d'abord, que l'ennui de me remettre à la besogne sur des suggestions pressantes et précises :

— Vous ne pourriez pas, me dit M. Willy, échauffer un peu ce... ces enfantillages ? Par exemple, entre Claudine et l'une de ses camarades, une amitié trop tendre... (il employa une autre manière, brève, de se faire comprendre). Et puis, du patois, beaucoup de mots patois... de la gaminerie... vous voyez ce que je veux dire...

Je voyais très bien. Je vis aussi, plus tard, qu'autour de ma collaboration, M. Willy organisait quelque chose de mieux que le silence. Il prit l'habitude de me convier à entendre les louanges qu'on ne lui ménageait pas, de me poser sur la tête sa main douce, de dire :

— Mais vous savez que cette enfant m'a été précieuse ? Si, précieuse, précieuse ! elle m'a conté sur sa « laïque » des choses ravissantes !

Il n'est pas coutumier que les jeunes femmes (les vieilles non plus) aient en écrivant, le souci de la mesure. Rien, d'ailleurs, ne rassure tant qu'un masque. La naissance et l'anonymat de *Claudine* me divertissaient comme une farce un peu indélicate, que je poussais facilement au ton libre.

... Je ne trouvais pas mon premier livre très bon, ni les trois suivants. Avec le temps, je n'ai guère changé d'avis et je juge assez sévèrement toutes les *Claudine*. Elles font l'enfant et la follette sans discrétion. La jeunesse, certes, y éclate, quand elle ne ferait que se marquer par le manque de métier. Mais il ne me plaît guère de retrouver, si je me penche sur quelqu'un de ces très anciens livres, une souplesse à réaliser ce qu'on réclamait de moi, une obéissance aux suggestions et une manière déjà adroite d'éviter l'effort. C'est une désinvolture un peu grosse, par exemple, que d'envoyer *ad patres* tel personnage dont j'étais excédée[1]. Et je m'en veux que, par allusions, traits caricaturés mais ressemblants, fables plausibles, ces *Claudine* révèlent l'insouciance de nuire. Si je me trompe, tant mieux... Mais je ne me trompe pas...

Dès son apparition, *Claudine à l'École* se vendit bien. Puis encore mieux. La série, paraît-il, se vend encore, après avoir épuisé des centaines d'éditions. Je n'en puis rien assurer que par ouï-dire : les *Claudine,* au moment de mon premier divorce, appartenaient déjà en propre à deux éditeurs, M. Willy les leur ayant cédés en toute propriété. Au bas des deux contrats, j'ai apposé conjugalement ma signature. Ce dessaisissement est bien le geste le plus inexcusable qu'ait obtenu de moi la peur, et je ne me le suis pas pardonné.

Mme Colette nous rapporte également un mot de Catulle-Mendès, qui, aujourd'hui, situe exactement à nos yeux l'intérêt des Claudine.

Un jour que nous avions, M. Willy et moi, déjeuné chez lui, bu le café noir, chargé d'arôme, qu'il se préparait lui-même, M. Willy sortit un instant de la pièce et Catulle me parla avec brusquerie :

— C'est vous, n'est-ce pas, l'auteur des *Claudine*... Mais non, mais non, je ne vous pose pas de question, n'exagérez pas votre embarras... Dans... je ne sais pas, moi... dans vingt ans, trente ans, cela se saura. Alors, vous verrez ce que c'est que d'avoir, en littérature, créé un type. Vous ne vous rendez pas compte. Une force, certainement, oh ! certainement ! mais aussi une sorte de châtiment, une faute qui vous suit, qui vous colle à la peau, une récompense insupportable qu'on vomit... vous n'y échapperez pas, vous avez créé un type.

---

1. Il s'agit de Renaud, qui meurt, dans *La Retraite sentimentale.*

CLAUDINE A L'ÉCOLE

Je m'appelle Claudine, j'habite Montigny, j'y suis née en 1884, probablement je n'y mourrai pas. Mon manuel de géographie départementale s'exprime ainsi : « Montigny-en-Fresnois, jolie petite ville de 1.950 habitants, construite en amphithéâtre sur la Thaize, on y admire une tour sarrazine bien conservée... » Moi, ça ne me dit rien ces descriptions-là ! D'abord, il n'y a pas de Thaize : je sais bien qu'elle est censée traverser les prés au-dessous du passage à niveau, mais en aucune saison vous n'y trouveriez de quoi laver les pattes d'un moineau. Montigny construit en amphithéâtre ? Non, je ne le vois pas ainsi ; à ma manière, c'est des maisons qui dégringolent, depuis le haut de la colline jusqu'en bas de la vallée ; ça s'étage en escaliers au-dessous d'un gros château rebâti sous Louis XV et déjà plus délabré que la tour sarrazine, basse, toute gaînée de lierre, qui s'effrite par en haut, un petit peu chaque jour. C'est un village, et pas une ville : les rues, grâce au ciel, ne sont pas pavées ; les averses y roulent en petits torrents, secs au bout de deux heures ; c'est un village, pas très joli même et que pourtant j'adore.

C'est dans ce style de confidence que Mme Colette nous présente Claudine à l'École, *son pays et le charme de ses grands bois.*

Il y a les bois de taillis, les arbustes qui vous agrippent méchamment la figure au passage, ceux-là sont pleins de soleil, de fraises, de muguet et aussi de serpents. J'y ai tressailli de frayeur suffocante à voir glisser sous mes pieds ces petits corps lisses et froids ; vingt fois je me suis arrêtée, haletante, en trouvant sous ma main, près de la « passe-rose », une couleuvre bien sage, roulée en colimaçon régulièrement, sa tête en-dessus, ses petits yeux dorés me regardant, ce n'était pas dangereux, mais quelle terreur ! Tant pis, je finis toujours par y retourner seule ou avec des camarades, plutôt seule, parce que ces petites grandes filles m'agacent, ça a peur de se déchirer aux ronces, ça a peur des petites bêtes, des chenilles velues et des araignées des bruyères, si jolies, rondes et roses comme des perles, ça crie, c'est fatigué, — insupportable enfin.

Et puis, il y a mes préférés, les grands bois qui ont seize et vingt ans, ça me saigne le cœur d'en voir couper un ; pas broussailleux, ceux-là, des arbres comme des colonnes, des sentiers étroits où il fait presque nuit à midi, où la voix et les pas sonnent d'une façon inquiétante, Dieu, que je les aime !

... Quelquefois des pluies d'orage nous surprennent dans ces grands bois-là, on se blottit sous un chêne plus épais que les autres et, sans rien dire, on écoute crépiter la pluie là-haut comme sur un toit, bien à l'abri, pour ne sortir de ces profondeurs que tout ébloui et dépaysé, mal à l'aise au grand jour.

Et les sapinières ! peu profondes, elles, et peu mystérieuses, je les aime pour leur odeur, pour les bruyères roses et violettes qui poussent dessus, et pour leurs chants sous le vent. Avant d'y arriver, on traverse des futaies serrées, et tout à coup, on a la surprise délicieuse de déboucher au bord d'un étang, un étang lisse et profond, enclos de tous côtés par les bois, si loin de toutes choses ! Les sapins poussent dans une espèce d'île au milieu : il faut passer bravement à cheval sur un tronc déraciné qui rejoint les deux rives. Sous les sapins, on allume du feu, même en été, parce que c'est défendu : on y cuit n'importe quoi, une pomme, une poire, une pomme de terre volée dans un champ, du pain bis faute d'autre chose : ça sent la fumée amère et la résine, c'est abominable, c'est exquis.

J'ai vécu dans ces bois pendant dix années de vagabondages éperdus, de conquêtes et de découvertes ; le jour où il me faudra les quitter, j'aurai un gros chagrin.

Gravitant dans l'orbe de Claudine, ses camarades et divers personnages, campés en quelques touches — si caractéristiques du style :

La grande Anaïs, froide, vicieuse et si impossible à émouvoir que jamais elle ne rougit, l'heureuse créature !

Des cheveux ni bruns, ni blonds, la peau jaune, pas de couleur aux joues, de minces yeux noirs, et longue comme une rame à pois. En somme, quelqu'un de pas banal, menteuse, filouteuse, flagorneuse, traîtresse, elle saura se tirer d'affaire dans la vie, la grande Anaïs.

Et encore les Jaubert, deux sœurs, deux jumelles même, bonnes élèves, ah ! bonnes élèves, je crois bien, je les écorcherais volontiers, tant elles m'agacent avec leur sagesse, et leur jolie écriture propre, et leur ressemblance mièvre, des figures molles et mates, des yeux de mouton pleins de douceur pleurarde, ça travaille toujours, c'est plein de bonnes notes, c'est convenable et sournois, ça souffle une haleine à la colle forte, pouah, pouah !

Et Marie Belhomme, bébête mais si gaie ! Brune et mate, des yeux noirs, longs et humides, Marie ressemble, avec son nez sans malice, à un joli lièvre peureux.

L'institutrice, Mlle Sergent, elle, ne paraît rien moins que bonne et j'augure mal de cette rousse bien faite, la taille et les hanches rondes, mais d'une laideur flagrante, la figure bouffie et toujours enflammée, le nez un peu camard, entre deux petits yeux noirs, enfoncés et soupçonneux.

L'institutrice adjointe, Mlle Aimée : nature de chatte caressante, délicate et frileuse, incroyablement câline, j'aime à regarder sa frimousse rose et blondinette, ses yeux dorés aux cils retroussés... Pour l'apprivoiser, je me fais douce, sans peine, et je la questionne, assez contente de la regarder.

... apprivoisement qui aboutit à des leçons particulières d'anglais.

Ma maîtresse d'anglais me semble adorable ce soir-là, sous la lampe de la bibliothèque ; ses yeux de chat brillent tout en or, malins, câlins, et je les admire. Non sans me rendre compte qu'ils ne sont ni bons, ni francs, ni sûrs. Mais ils scintillent d'un tel éclat dans sa figure fraîche, et elle semble se trouver si bien dans cette chambre chaude et assourdie, que je me sens déjà prête à l'aimer tant et tant, avec tout mon cœur déraisonnable.

... Elle m'embrasse et je ronronne, et tout d'un coup, je la serre si brusquement dans mes bras qu'elle crie un peu.

— Claudine, il faut travailler.

La cour de l'école de Saint-Sauveur, en 1890.
Colette est dans le groupe de jeunes filles à droite.

Eh, que la grammaire anglaise soit au diable ! J'aime mieux me reposer la tête sur sa poitrine, elle me caresse les cheveux ou le cou, et j'entends sous mon oreille son cœur qui s'essouffle. Que je suis bien avec elle ! Il faut pourtant prendre mon porte-plume et faire semblant, moi, de travailler ! Au fait, à quoi bon ? Qui pourrait entrer ? Papa ? Ah bien oui ! Dans la chambre la plus incommode du premier étage, celle où il gèle en hiver, où l'on rôtit en été, papa s'enferme farouchement, absorbé, aveugle et sourd aux bruits du monde, pour... ah ! voilà... vous n'avez pas lu, parce qu'il ne sera jamais terminé, son grand travail sur la *malacologie du Fresnois*, et vous ne saurez jamais rien des expériences compliquées, des attentions angoissées qui l'ont penché des heures et des heures sur d'innombrables limaces encloses dans de petites cloches de verre... Il me regarde vivre quand il a le temps, avec admiration d'ailleurs, et s'étonne de me voir exister, « comme une personne naturelle ». Il en rit de ses petits yeux embusqués, de son noble nez bourbon (où a-t-il été pêcher ce nez royal ?), dans sa belle barbe panachée de trois couleurs, roux, gris et blanc...

Claudine elle-même :

J'inspecte mes ongles et je mets mes cheveux en évidence, car le visiteur regarde surtout de notre côté, dame ! on est de grandes filles de quinze ans, et si ma figure est plus jeune que mon âge, mon corps a bien dix-huit ans. Et mes cheveux aussi valent d'être montrés, puisqu'ils me font une toison remuante de boucles dont la couleur change selon le temps, entre le châtain obscur et l'or foncé, et qui contrastent avec mes yeux bruns café, pas vilainement ; tout bouclés qu'ils sont, ils me descendent presque aux reins, je n'ai jamais porté de nattes ni de chignons, les chignons me donnent la migraine et les nattes n'encadrent pas assez ma figure ; quand nous jouons aux barres, je ramasse le tas de mes cheveux, qui feraient de moi une proie trop facile, et je les noue en queue de cheval. Et puis enfin, est-ce que ce n'est pas plus joli comme ça ?

Il nous reste une dizaine de minutes avant la fin de la classe. Comment les employer ? Je demande à sortir pour ramasser furtivement une poignée de neige qui tombe toujours ; je roule une boule et je mords dedans : c'est bon et froid, ça sent un peu la poussière, cette première tombée. Je la cache dans ma poche et je rentre. On me fait signe autour de moi, et je passe la boule de neige, où chacune, à l'exception des jumelles impeccables, mord avec des mines ravies.

Ce dimanche-là, je suis allée passer l'après-midi à la ferme qu'habite Claire, ma douce et gentille sœur de première communion, qui ne vient plus en classe, elle, depuis un an déjà. Nous descendons le chemin des Matignons, qui donne sur la route de la gare, un chemin feuillu et sombre de verdure en été ; en ces mois d'hiver, il n'y a plus de feuilles, bien entendu, mais on est encore assez caché, dedans, pour pouvoir guetter les gens qui s'asseyent sur les bancs de la route. Nous marchons dans la neige qui craque. Les petites mares gelées geignent musicalement sous le soleil, avec le joli son, pareil à nul autre, de la glace qui se fend. Claire chuchote ses amourettes ébauchées avec les gars au bal du dimanche chez Trouillard, de rudes et brusques gars ; et moi, je frétille à l'entendre.

... Avec, déjà, sa chatte favorite :

Zut, j'ai pincé un rhume ! Je reste dans la bibliothèque de papa à lire la folle histoire de France de Michelet, écrite en alexandrins (j'exagère peut-être un peu ?), je ne m'ennuie pas du tout, bien installée dans ce grand fauteuil, entourée de livres, avec ma belle Fanchette, cette chatte intelligente entre toutes, qui m'aime avec tant de désintéressement malgré les misères que je lui inflige, mes morsures dans ses oreilles roses et le dressage compliqué que je lui fais subir.

Elle m'aime au point de comprendre ce que je dis, et de venir me caresser la bouche quand elle entend le son de ma voix. Elle aime aussi les livres comme un vieux savant, cette Fanchette, et me tourmente chaque soir, après le dîner, pour que je retire de leurs rayons deux ou trois des gros Larousse de papa, le vide qu'ils laissent forme une espèce de petite chambre carrée où Fanchette s'intalle et se love ; je referme la vitre sur elle, et son ronron prisonnier vibre avec un bruit de tambour voilé, incessant.

De son enfance, Claudine nous confie aussi les élans de sa jeune sensualité. Certains — c'était en 1900 — ont voulu y voir une perversité et un cynisme affichés. Bien d'autres audaces « littéraires » et des confidences plus crues ont modifié, depuis, le jugement des lecteurs.

Ceux-ci constatent aujourd'hui que Claudine a la curiosité et l'imagination de son âge. Qu'en actes, elle se contente, petite créature saine, avide et sincère, de refuser les tentations ou d'y céder platoniquement. Elle aime les confidences, les indiscrétions, mais son instinct la garde de toute compromission. Sans doute sa coquetterie va souvent loin. Elle veut plaire à tous, et à toutes. Mais avec une si entière bonne foi, une si évidente absence d'arrière-pensées, que son ignorance est la preuve la plus certaine de sa candeur. Sa rage d'être remarquée, admirée, aimée, enviée, n'est qu'une phase de l'évolution des sens, et ce contentement de soi, ce narcissisme, atténués par une exubérante jeunesse et une délicate sensibilité, font de Claudine une véritable chatte, aux griffes déjà fortes, à l'humeur capricieuse, ivre de tendresse, mais riche de pureté et d'un amour de vivre passionné. Il serait par trop facile de céder à un goût du « piquant » en citant des textes... qui, dans l'esprit même de l'auteur, n'avaient pas d'autre signification. De même, dans une anthologie purement littéraire certaines pages de Claudine à l'École ont une place bien marquée : le jour de l'examen, la composition française, la cérémonie du bouquet offert au ministre inaugurant la nouvelle école dans la petite ville en liesse, — autant de textes où se manifeste un talent d'une riche diversité. Mais notre souci de dégager le visage de Mme Colette ne nous impose pas de reproduire ces « morceaux choisis ».

LA MAISON DE CLAUDINE

Si Claudine est par quelques côtés une image de Colette, ne nous y trompons pas, la valeur autobiographique de cette œuvre est assez mince. Sans doute Montigny n'est autre que Saint-Sauveur en Puisaye, son village natal, et les principaux personnages du roman ont été observés sur le vif, même l'amusante silhouette du malacologiste, en qui l'on a pu reconnaître la figure légendaire du docteur Robineau-Desvoidy, le « dernier des diptéristes ». Mais, pour l'essentiel, Claudine n'est qu'une part, amplifiée, de Colette. Il est aisé de distinguer quels sont les éléments qui ont servi à bâtir le modèle. La Maison de Claudine et Sido, œuvres écrites à une époque où l'enfance était pour Mme Colette la source même de son génie, nous apportent de remarquables confidences.

La Maison de Claudine *restitue à Claudine ses fictions et pare Colette des joyaux de ses souvenirs.*

La maison était grande, coiffée d'un grenier haut. La pente raide de la rue obligeait les écuries et les remises, les poulaillers, la buanderie, la laiterie, à se blottir en contrebas tout autour d'une cour fermée. Accoudée au mur du jardin, je pouvais gratter du doigt le toit du poulailler. Le Jardin-du-Haut commandait un Jardin-du-Bas, potager resserré et chaud, consacré à l'aubergine et au piment, où l'odeur du feuillage de la tomate se mêlait, en juillet, au parfum de l'abricot mûri sur espaliers. Dans le Jardin-du-Haut, deux sapins jumeaux, un noyer dont l'ombre intolérante tuait les fleurs, des roses, des gazons négligés, une tonnelle disloquée... Une forte grille de clôture, au fond, en bordure de la rue des Vignes, eût dû défendre les deux jardins ; mais je n'ai jamais connu cette grille que tordue, arrachée au ciment de son mur, emportée et brandie en l'air par les bras invincibles d'une glycine centenaire...

... Grande maison grave, revêche avec sa porte à clochette d'orphelinat, son entrée cochère à gros verrou de geôle ancienne, maison qui ne souriait qu'à son jardin... Maison et jardin vivent encore, je le sais, mais qu'importe, si la magie les a quittés, si le secret est perdu qui ouvrait, — lumière, odeurs, harmonies d'arbres et d'oiseaux, murmure de voix humaines qu'a déjà suspendu la mort, — un monde dont j'ai cessé d'être digne ?...

Dans cette maison, dans ce jardin, la présence — étrangement discrète — des quatre enfants :

Notre turbulence étrange ne s'accompagnait d'aucun cri. Je ne crois pas qu'on ait vu enfants plus remuants et plus silencieux. C'est maintenant que je m'en étonne. Personne n'avait requis de nous ce mutisme allègre, ni cette sociabilité limitée. Celui de mes frères qui avait dix-neuf ans et construisait des appareils d'hydrothérapie en boudins de toile, fil de fer et chalumeaux de verre, n'empêchait pas le cadet, à quatorze ans, de démonter une montre, ni de réduire au piano, sans faute, une mélodie, un morceau symphonique entendu au chef-lieu ; ni même de prendre un plaisir impénétrable à émailler le jardin de petites pierres tombales découpées dans du carton, chacune portant, sous sa croix, les noms, l'épitaphe et la généalogie d'un défunt supposé... Ma sœur aux trop longs cheveux pouvait lire sans fin ni repos : les deux garçons passaient, frôlant comme sans la voir cette jeune fille assise, enchantée, absente, et ne la troublaient pas. J'avais, petite, le loisir de suivre, en courant presque, le grand pas des garçons, lancés dans les bois à la poursuite du Grand Sylvain, du Flambé, du Mars farouche, ou chassant la couleuvre, ou bottelant la haute digitale de juillet au fond des bois clairsemés, rougis de flaques de bruyères... Mais je suivais silencieuse, et je glanais la mûre, la merise ou la fleur, je battais les taillis et les prés gorgés d'eau en chien indépendant qui ne rend pas de comptes...

Colette et l'un de ses frères, dans le jardin de Saint-Sauveur

Son père :

Né pour plaire et pour combattre, improvisateur et conteur d'anecdotes, j'ai pensé plus tard qu'il eût pu réussir à séduire une Chambre, comme il charmait une femme.

... Mon père ... se dresse agilement sur sa jambe unique, empoigne sa béquille et sa canne et monte à la bibliothèque. Avant de monter, il plie soigneusement le journal *Le Temps*, le cache sous le coussin de sa bergère, enfouit dans une poche de son long paletot *La Nature* en robe d'azur. Son petit œil cosaque, étincelant, sous un sourcil de chanvre gris, rafle sur les tables toute provende imprimée, qui prendra le chemin de la bibliothèque et ne reverra plus la lumière... Mais, bien dressés à cette chasse, nous ne lui avons rien laissé...

... Sa main droite étreint fortement le barreau d'une béquille qui étaie l'aisselle droite de mon père. L'autre main se sert seulement d'une canne. J'écoute s'éloigner, ferme, égal, ce rythme de deux bâtons et d'un seul pied qui a bercé toute ma jeunesse.

Le portrait de Minet-Chéri :

Une odeur de gazon écrasé traîne sur la pelouse non fauchée, épaisse, que les jeux, comme une lourde grêle, ont versée en tous sens. Des petits talons furieux ont fouillé les allées, rejeté le gravier sur les plates-bandes ; une corde à sauter pend au bras de la pompe ; les assiettes d'un ménage de poupée, grandes comme des marguerites, étoilent l'herbe ; un long miaulement ennuyé annonce la fin du jour, l'éveil des chats, l'approche du dîner.

Elles viennent de partir, les compagnes de jeux de la Petite. Dédaignant la porte, elles ont sauté la grille du jardin, jeté à la rue des Vignes, déserte, leurs derniers cris de possédées, leurs jurons enfantins proférés à tue-tête, avec des gestes grossiers des épaules, des jambes écartées, des grimaces de crapauds, des strabismes volontaires, des langues tirées, tachées d'encre violette. Par-dessus le mur, la Petite — on dit aussi Minet-Chéri — a versé sur leur fuite ce qui lui restait de gros rire, de moquerie lourde et de mots patois.

... Les dimanches sont des jours parfois rêveurs et vides ;

LE PÈRE DE COLETTE

les souliers blancs, la robe empesée, préservent de certaines frénésies. Mais le jeudi, chômage encanaillé, grève en tablier noir et bottines à clous, permet tout. Pendant près de cinq heures, ces enfants ont goûté les licences du jeudi...

... Elles ont joué longuement, pour finir, les petites, au jeu de « qu'est-ce-qu'on-sera ».

— Moi, quante je serai grande...

Habiles à singer, elles manquent d'imagination. Une sorte de sagesse résignée, une terreur villageoise de l'aventure et de l'étranger, retiennent d'avance la petite horlogère, la fille de l'épicier, du boucher et de la repasseuse, captives dans la boutique maternelle. Il y a bien Jeanne qui a déclaré :

— Moi, je serai cocotte !

« Mais ça », pense dédaigneusement Minet-Chéri, « c'est de l'enfantillage... »

A court de souhait, elle leur a jeté, son tour venu, sur un ton de mépris : — Moi, je serai marin ! parce qu'elle rêve parfois d'être garçon et de porter culotte et béret bleus.

Ses lectures :

Il y eut un temps où, avant de savoir lire, je me logeais en boule entre deux tomes du Larousse comme un chien dans sa niche. Labiche et Daudet se sont insinués, tôt, dans mon enfance heureuse, maîtres condescendants qui jouent avec un élève familier. Mérimée vint en même temps, séduisant et dur, et qui éblouit parfois mes huit ans d'une lumière inintelligible. *Les Misérables* aussi, oui ! *Les Misérables*, malgré Gavroche ; mais je parle là d'une passion raisonneuse qui connut des froideurs et de longs détachements. Point d'amour entre Dumas et moi, sauf que le *Collier de la Reine* rutila, quelques nuits, dans mes songes, au col condamné de Jeanne de La Motte. Ni l'enthousiasme fraternel, ni l'étonnement désapprobateur de mes parents, n'obtinrent que je prisse de l'intérêt aux *Mousquetaires*...

De livres enfantins, il n'en fut jamais question. Amoureuse de la Princesse en son char, rêveuse sous un si long croissant de lune, et de la Belle qui dormait au bois, entre ses pages prostrée ; éprise du Seigneur Chat botté d'entonnoirs, j'essayai de retrouver dans le texte de Perrault les noirs de velours, l'éclair d'argent, les ruines, les cavaliers, les chevaux aux petits pieds de Gustave Doré ; au bout de deux pages, je retournai, déçue, à Doré. Je n'ai lu l'aventure de la Biche et de la Belle que dans les fraîches images de Walter Crane.

...Des livres, des livres, des livres... Ce n'est pas que je lusse beaucoup. Je lisais et relisais les mêmes. Mais tous m'étaient nécessaires. Leur présence, leur odeur, les lettres de leurs titres, et le grain de leur cuir... Les plus hermétiques ne m'étaient-ils pas les plus chers ? Voilà longtemps que j'ai oublié l'auteur d'une Encyclopédie habillée de rouge, mais les références alphabétiques indiquées sur chaque tome composent indélébilement un mot magique : *Aphbicladiggalhymaroidphorebstevanzy*.

... Les dix-huit volumes de Saint-Simon se relayaient au chevet de ma mère, la nuit ; elle y trouvait des plaisirs renaissants, et s'étonnait qu'à huit ans je ne les partageasse pas tous.

— Pourquoi ne lis-tu pas Saint-Simon ? me demandait-elle. C'est curieux de voir le temps qu'il faut à des enfants pour adopter des livres intéressants !

— C'est beaucoup d'embarras, tant d'amour, dans ces livres, disait-elle. Mon pauvre Minet-Chéri, les gens ont d'autres chats à fouetter, dans la vie. Tous ces amoureux que tu vois, dans les livres, ils n'ont donc jamais ni enfants à élever, ni jardin à soigner ? Minet-Chéri, je te fais juge : est-ce que vous m'avez jamais, toi et tes frères, entendue rabâcher autour de l'amour comme ces gens font dans les livres ? Et pourtant, je pourrais réclamer voix au chapitre, je pense ; j'ai eu deux maris et quatre enfants !

— Tu as lu cette histoire de fantôme, Minet-Chéri ? Comme c'est joli, n'est-ce pas ? Y a-t-il quelque chose de plus joli que cette page où le fantôme se promène à minuit, sous la lune, dans le cimetière ? Quand l'auteur dit, tu sais, que la lumière de la lune passait au travers du fantôme, et qu'il ne faisait pas d'ombre sur l'herbe... Ce doit être ravissant, un fantôme. Je voudrais bien en voir un, je t'appellerais. Malheureusement, ils n'existent pas. Si je pouvais me faire fantôme après ma vie, je n'y manquerais pas, pour ton plaisir et pour le mien.

— Celui-ci ? Celui-ci n'est pas un mauvais livre, Minet-Chéri, me disait-elle. Oui, je sais bien, il y a cette scène, ce chapitre... Mais c'est du roman. Ils sont à court d'inventions, tu comprends, les écrivains, depuis le temps. Tu aurais pu attendre un an ou deux, avant de le lire... Que veux-tu ! débrouille-toi là-dedans, Minet-Chéri. Tu es assez intelligente pour garder pour toi ce que tu comprendras trop... Et peut-être n'y a-t-il pas de mauvais livres...

Je m'en allai au jardin, avec mon premier livre dérobé. Une assez douceâtre histoire d'hérédité l'emplissait, mon Dieu, comme plusieurs autres Zola. La cousine robuste et bonne cédait son cousin aimé à une malingre amie, et tout se fût passé comme sous Ohnet, ma foi, si la chétive épouse n'avait connu la joie de mettre un enfant au monde. Elle lui donnait le jour soudain, avec un luxe brusque et cru de détails, une minutie anatomique, une complaisance dans la couleur, l'attitude, le cri, où je ne reconnus rien de ma tranquille compétence de jeune fille des champs. Je me sentis crédule, effarée, menacée dans mon destin de petite femelle... Amours des bêtes paissantes, chats coiffant les chattes comme des fauves leur proie, précision paysanne, presque austère, des fermières parlant de leur taure vierge ou de leur fille en mal d'enfant, je vous appelai à mon aide. Mais j'appelai surtout la voix conjuratrice :

— Quand je t'ai mise au monde, toi la dernière, Minet-Chéri, j'ai souffert trois jours et deux nuits. Pendant que je te portais, j'étais grosse comme une tour. Trois jours, ça paraît long... Les bêtes nous font honte, à nous autres femmes, qui ne savons plus enfanter joyeusement. Mais je n'ai jamais regretté ma peine : on dit que les enfants portés comme toi si haut, et lents à descendre vers la lumière, sont toujours des enfants très chéris, parce qu'ils ont voulu se loger tout près du cœur de leur mère, et ne la quitter qu'à regret...

En vain, je voulais que les doux mots de l'exorcisme, rassemblés à la hâte, chantassent à mes oreilles : un bourdonnement argentin m'assourdissait. D'autres mots, sous mes yeux, peignaient la chair écartelée, l'excrément, le sang souillé... Je réussis à lever la tête, et vis qu'un jardin bleuâtre, des murs couleur de fumée vacillaient étran-

SIDO A QUARANTE ANS

gement sous un ciel devenu jaune... Le gazon me reçut,
étendue et molle comme un de ces petits lièvres que les
braconniers apportaient, frais tués, dans la cuisine.

Les bêtes familières :

A qui vit aux champs et se sert de ses yeux, tout devient
miraculeux et simple. Il y a beau temps que nous trouvions
naturel qu'une lice nourrît un jeune chat, qu'une chatte
choisît, pour dormir, le dessus de la cage où chantaient
des serins verts confiants et qui parfois tiraient du bec,
au profit de leur nid, quelques poils soyeux de la dormeuse.

Que tout était féerique et simple, parmi cette faune de
la maison natale... Vous ne pensiez pas qu'un chat mangeât
des fraises ? Mais je sais bien, pour l'avoir vu tant de fois,
que ce Satan noir, Babou, interminable et sinueux comme
une anguille, choisissait en gourmet, dans le potager de
Mme Pomié, les plus mûres des « caprons blancs » et des
« belles-de-juin ». C'est le même qui respirait, poétique,
absorbé, des violettes épanouies.

Sa mère et la religion :

Elle ouvrait mon catéchisme au hasard et se fâchait
tout de suite :

— Ah ! que je n'aime pas cette manière de poser des
questions ! Qu'est-ce que Dieu ? qu'est-ce que ceci ?
qu'est-ce que cela ? Ces points d'interrogation, cette
manie de l'enquête et de l'inquisition, je trouve ça incroyablement indiscret ! Et ces commandements, je vous
demande un peu ! Qui a traduit les commandements
en un pareil charabia ? Ah ! je n'aime pas voir ce livre
dans les mains d'un enfant, il est rempli de choses si
audacieuses et si compliquées...

*Et l'enfance s'écoule dans cette ambiance étonnante où
tout est relief ; çà et là, cependant, quelques moments uniques
marquent le souvenir.*

La sœur aux longs cheveux se marie :

Sitôt mariée, ma sœur aux longs cheveux céda aux sug-

Le mariage de la sœur aux longs cheveux

9 ans, à Saint-Sauveur, en famille

gestions de son mari, de sa belle famille, et cessa de nous voir, tandis que s'ébranlait l'appareil redoutable des notaires et des avoués. J'avais onze, douze ans, et ne comprenais rien à des mots comme « tutelle imprévoyante », « prodigalité inexcusable », qui visaient mon père. Une rupture suivit entre le jeune ménage et mes parents.

Cependant l'enfant ingrate va accoucher :

... Une ombre en peignoir blanc — ma mère — traversa la rue, entra dans le jardin d'En-Face. Je la vis lever la tête, mesurer du regard le mur mitoyen comme si elle espérait le franchir. Puis elle alla et vint dans la courte allée du milieu, cassa machinalement un petit rameau de laurier odorant qu'elle froissa. Sous la lumière froide de la pleine lune, aucun de ses gestes ne m'échappait. Immobile, la face vers le ciel, elle écoutait, elle attendait. Un cri long, aérien, affaibli par la distance et les clôtures, lui parvint en même temps qu'à moi, et elle jeta avec violence ses mains croisées sur sa poitrine. Un second cri, soutenu sur la même note comme le début d'une mélodie, flotta dans l'air, et un troisième... Alors, je vis ma mère serrer à pleines mains ses propres flancs, et tourner sur elle-même, et battre la terre de ses pieds, et elle commença d'aider, de doubler, par un gémissement bas, par l'oscillation de son corps tourmenté et l'étreinte de ses bras inutiles, par toute sa douleur et sa force maternelles, la douleur et la force de la fille ingrate qui, si proche, si loin d'elle, enfantait.

Le père meurt :

Il mourut dans sa 74ᵉ année, tenant les mains de sa bien-aimée et rivant à des yeux en pleurs un regard qui perdait sa couleur, devenait d'un bleu vague et laiteux, pâlissait comme un ciel envahi par la brume. Il eut les plus belles funérailles dans un cimetière villageois, un cercueil de bois jaune, nu sous une vieille tunique percée de blessures — sa tunique de capitaine au Iᵉʳ zouaves — et ma mère l'accompagna sans chanceler au bord de la tombe, toute petite et résolue sous ses voiles, et murmurant tout bas, pour lui seul, des paroles d'amour.

... Un petit chat entra, circonspect et naïf, un ordinaire

et irrésistible chaton de quatre à cinq mois. Il se jouait à lui-même une comédie majestueuse, mesurait son pas et portait la queue en cierge, à l'imitation des seigneurs matous. Mais un saut périlleux en avant, que rien n'annonçait, le jeta séant par-dessus tête à nos pieds, où il prit peur de sa propre extravagance, se roula en turban, se mit debout sur ses pattes de derrière, dansa de biais, enfla le dos, se changea en toupie...

— Regarde-le, regarde-le, Minet-Chéri ! Mon Dieu, qu'il est drôle !

Et elle riait, ma mère en deuil, elle riait de son rire aigu de jeune fille, et frappait dans ses mains devant le petit chat...

... Elle ne s'excusa pas d'avoir ri, ni ce jour-là, ni ceux qui suivirent, car elle nous fit cette grâce, ayant perdu celui qu'elle aimait d'amour, de demeurer parmi nous toute pareille à elle-même, acceptant sa douleur ainsi qu'elle eût accepté l'avènement d'une saison lugubre et longue, mais recevant de toutes parts la bénédiction passagère de la joie...

SIDO

Le témoignage poétique, aux résonances humaines si profondes, que Mme Colette apporte dans Sido, *achève en touches précieuses le portrait de l'enfant à travers ceux des êtres chers qu'elle aima.*

... une fois qu'elle dénouait un cordon d'or sifflant, elle s'aperçut qu'au géranium prisonnier contre la vitre d'une des fenêtres, sous le rideau de tulle, un rameau pendait, rompu, vivant encore. La ficelle d'or, à peine déroulée, s'enroula vingt fois autour du rameau rebouté, étayé d'une petite éclisse de carton... Je frissonnai et crus frémir de jalousie alors qu'il s'agissait seulement d'une résonance poétique éveillée par la magie du secours efficace, scellé d'or...

... J'aimais tant l'aube, déjà, que ma mère me l'accordait en récompense. J'obtenais qu'elle m'éveillât à trois heures et demie, et je m'en allais, un panier vide à chaque bras, vers des terres maraîchères qui se réfugiaient vers le pli étroit de la rivière, vers les fraises, les cassis, les groseilles barbues.

A trois heures et demie, tout dormait dans un bleu originel, humide et confus, et quand je descendais le chemin de sable, le brouillard, retenu par son poids, baignait d'abord mes jambes, puis mon petit torse bien fait, atteignait mes lèvres, mes oreilles et mes narines plus sensibles que tout le reste de mon corps... J'allais seule, ce pays mal pensant était sans dangers. C'est sur ce chemin, c'est à cette heure, que je prenais conscience de mon prix, d'un état de grâce indicible et de ma connivence avec le premier souffle accouru, le premier oiseau, le soleil encore ovale, déformé par son éclosion...

Je revenais à la cloche de la la première messe. Mais pas avant d'avoir mangé mon saoul, pas avant d'avoir, dans les bois, décrit un grand circuit de chien qui chasse seul, et goûté l'eau de deux sources perdues, que je rêvérais. L'une se haussait hors de la terre par une convulsion cristalline, une sorte de sanglot, et traçait elle-même son lit sableux. Elle se décourageait aussitôt née, et replongeait sous la terre. L'autre source, presque invisible, froissait l'herbe comme un serpent, s'étalait secrète au centre d'un pré où des narcisses, fleuries en ronde, attestaient seules sa présence. La première avait goût de feuille de chêne, la seconde de fer et de tiges de jacinthe... rien qu'à parler d'elles, je souhaite que leur saveur m'emplisse la bouche au moment de tout finir et que j'emporte, avec moi, cette gorgée imaginaire...

— Je suis bien ennuyée... Je ne sais plus si c'est une famille de bulbes de crocus, que j'ai enterrée ou bien une chrysalide de paon-de-nuit...

— Il n'y a qu'à gratter pour voir...

Une main preste arrêtait la mienne — que n'a-t-on moulé, peint, ciselé cette main de Sido brunie, tôt gravée de rides par les travaux ménagers, le jardinage, l'eau froide et le soleil, ces doigts longs bien façonnés en pointe, ces beaux ongles ovales et bombés...

— A aucun prix ! si c'est la chrysalide, elle mourra au contact de l'air ; si c'est le crocus, la lumière flétrira son petit rejet blanc, et tout sera à recommencer ! Tu m'entends bien ? Tu n'y toucheras pas !

— Non, maman...

A ce moment, son visage, enflammé de foi, de curiosité universelle, disparaissait sous un autre visage plus âgé, résigné et doux. Elle savait que je ne résisterais pas, moi non plus, au désir de savoir, et qu'à son exemple, je fouillerais, jusqu'à son secret, la terre du pot à fleurs. Elle savait que j'étais sa fille, moi qui ne pensais pas à notre ressemblance, et que déjà je cherchais, enfant, ce choc, ce battement accéléré du cœur, cet arrêt du souffle : la solitaire ivresse du chercheur de trésor, un trésor, ce n'est pas seulement ce que couve la terre, le roc ou la vague. La chimère de l'or et de la gemme n'est qu'un informe mirage : il importe seulement que je dénude et hisse au jour ce que l'œil n'a pas, avant le mien, touché...

J'étais encore petite quand mon père commença à en appeler à mon sens critique. Plus tard, je me montrai, Dieu merci, moins précoce. Mais quelle intransigeance, je m'en souviens, chez ce juge de douze ans...

— Écoute ça, me disait mon père.

J'écoutais, sévère. Il s'agissait d'un beau morceau de prose oratoire, ou d'une ode, vers faciles, fastueux par le rythme, par la rime, sonores comme un orage de montagne...

— Hein ! interrogeait mon père. Je crois que cette fois-ci !... Eh bien, parle !

Je hochais ma tête et mes nattes blondes, mon front trop grand pour être aimable, et mon petit menton en bille, et je laissais tomber mon blâme.

— Toujours trop d'adjectifs !

Alors, mon père éclatait, écrasait d'invectives la poussière, la vermine, le pou vaniteux que j'étais. Mais la vermine imperturbable ajoutait :

— Je te l'avais déjà dit la semaine dernière pour l'ode à *Paul Bert*. Trop d'adjectifs !

Il devait, derrière moi, rire et peut-être s'enorgueillir... Mais au premier moment, nous nous toisions en égaux, et déjà confraternels. C'est lui à n'en pas douter, c'est lui qui me domine, quand la musique, un spectacle de danse — et non les mots, jamais les mots ! — mouillent mes yeux. C'est lui qui se voulait faire jour, et revivre, quand je commençais, obscurément, d'écrire, et qui me valut le plus acide éloge conjugal, le plus utile à coup sûr :

— Aurais-je épousé la dernière des lyriques ?

Lyrisme paternel, humour, spontanéité maternelle, mêlés, superposés, je suis assez sage à présent, assez fière pour les départager en moi, tout heureuse d'un délitage où je n'ai à rougir de personne ni de rien.

CLAUDINE A PARIS

Dans une anthologie autobiographique, Claudine à Paris
(1901) *occupe une place à part. C'est un ouvrage typique de
la collaboration Colette-Willy et, en ce sens, il est précieux
dans ce qu'il éclaircit. Mais surtout dans notre recherche de
ce que fut Colette, de ce qu'elle cacha et inventa sur elle-
même, ce livre marque un tournant. L'auteur invente Renaud
et avec lui un amour... qu'elle eût sans doute bien voulu
vivre complètement. Elle se remémore également certains
états de sensibilité qui ont suivi son arrivée dans la capitale,
comme le confirment ses « témoignages ».*

Claudine à Paris *est cependant de moins belle venue que*
Claudine à l'École, *par le style d'abord, dont la forme est
trop souvent défaillante, par l'affabulation parfois faible,
par l'arrière-pensée marquée de faire piquant, osé, scandaleux.*

L'influence de M. Willy — décidé, après le succès de
Claudine à l'École, *à exploiter un genre — explique ce
changement de ton. Mme Colette d'ailleurs, nous le confie
dans* Mes Apprentissages.

C'est à *Claudine à Paris* et *Claudine s'en va* que ma mémoire fait mauvais usage. Il y a là-dedans un personnage
d'homme mûr et séduisant (Renaud) mais plus creux,
plus léger et vide que ces pommes de verre filé, pour orner
les arbres de Noël et qui s'écrasent dans la main en
paillettes étamées.

Dans *Claudine à Paris* éclôt un personnage qui se
promènera désormais dans toute l'œuvre — si j'ose dire —
de M. Willy. Henri Maugis est peut-être la seule confidence que M. Willy nous ait faite sur lui-même, et si je dis
« nous », c'est que mon ignorance d'un homme aussi
exceptionnel exige que je me range parmi la foule. D'avoir
travaillé pour lui, près de lui, m'a donné de le redouter,
non de le connaître mieux. Ce Maugis « tout allumé de
vice paternel », amateur de femmes, d'alcool étranger
et de jeux de mots, musicographe, hellénisant, lettré,

bretteur, sensible, dénué de scrupules, qui gouaille en cachant une larme, bombe un ventre de bouvreuil, nomme « mon bébé » les petites femmes en chemise, préfère le déshabillé au nu et la chaussette au bas de soie, ce Maugis-là n'est pas de moi.

Je crois que M. Willy céda, en créant le « gros Maugis », à l'une de ses mégalomanies, l'obsession de se peindre, l'amour de se contempler.

... J'ai créé dans *Claudine à Paris* un petit personnage de pédéraste. Moyennant que je les avilissais, j'ai pu louer les traits d'un jeune garçon et m'entretenir, à mots couverts, d'un péril, d'un attrait. Lorsqu'un peu plus tard, je fis amitié avec Polaire, et que je la vis en larmes à cause d'un orage amoureux... elle me dit, les griffes encore prêtes, avec un abandon de chatte chaude : « Ah ! Colette,

*Une attitude
et le visage
de Polaire*

WILLY et COLETTE

Colette *et* Toby-Chien

deux braves
types à qui
on avait appris
à faire le beau
et donner la
patte.

Colette

ce qu'il peut sentir bon, ce salaud-là, et cette peau, et ses dents... vous ne pouvez pas savoir... »

Non, je ne pouvais pas savoir.

Sur M. Willy, la mise au point littéraire définitive de Mme Colette est nette.

Si le « cas Willy » était seulement celui d'un homme ordinaire, qui appointait des écrivains et signait leurs œuvres, il ne mériterait qu'une brève attention. Il y aura toujours assez de faméliques dans notre métier, malheureusement, pour que l'emploi de « nègre » ne se perde point. Le « cas Willy » présente une singularité unique : l'homme qui n'écrivait pas avait plus de talent que ceux qui écrivaient en son lieu et place...

... S'il avait écrit un roman, le roman eût passé en ingéniosité, probablement, certainement en bon goût, des volumes dont je cèle les titres. Mais il n'a jamais écrit de romans. C'est dommage. Entre le désir, le besoin de produire une denrée imprimée, et la possibilité d'écrire, s'élève chez cet auteur étrange, un obstacle dont je n'ai jamais distingué la forme, la nature, peut-être terrifiante. Sa correspondance ne révèle que le *refus* d'écrire.

Son mot le plus fréquent — j'en sais quelque chose — c'était : « Vite, mon petit, vite. Il n'y a plus un sou dans la maison ! » Et vite, en effet, ses secrétaires volaient vers les bureaux de poste, chargés d'un courrier abondant, — tout en pneumatiques — vite Pierre Veber, Jean de Tinan, Curnonsky, Boulestin, Passurf, Raymond Bouyer, Jean de la Hire, etc... abattaient des chapitres de roman. Vite, Vuillermoz après Alfred Ernest, André Hallays, Stan Golestan, Claude Debussy, Vincent d'Indy lui-même nourrissaient les *Lettres de l'Ouvreuse*. Vite, Eugène de Solenières et Aussaresses s'attelaient au *Mariage de Louis XV* ; vite, vite, j'écrivais les *Claudine* en quatre volumes, *Minne*, *Les égarements de Minne*... A *La Retraite sentimentale*, je renâclai. Et je ne crois pas que je me laisse, au cours de ces pages sans ordre réfléchi, entraîner à dire pourquoi... J'ignore les noms des collaborateurs plus récents. Nous autres, les anciens, Pierre Veber, Vuillermoz, l'excellent « Cur », prince des gastronomes, Marcel Boulestin et moi, nous avons gardé l'habitude, quand nous évoquons notre passé de dupes, de dire : « Dans le temps que nous travaillions aux ateliers... »

Ma vie de femme commence à ce jouteur. Grave rencontre, pour une fille de village. Avant lui, tout ne me fut — sauf la ruine de mes parents, et le mobilier vendu publiquement — que rose. Mais, qu'aurais-je fait d'une vie qui n'eût été que rose ?

Ce qu'il faudrait écrire, c'est le roman de cet homme-là. L'empêchement est qu'aucun être ne l'a connu intimement. Trois ou quatre femmes tremblent encore à son nom — trois ou quatre que je connais. Puisqu'il est mort, elles cessent peu à peu de trembler. Quand il était vivant, j'avoue qu'il y avait de quoi.

J'ai souvent songé que M. Willy souffrait d'une sorte d'agoraphobie, qu'il eut l'horreur nerveuse du papier vierge.

J'imagine qu'il mesura, trop souvent, en proie à des défaillances pathologiques, le courage, la grave constance qu'il faut pour s'asseoir sans écœurement au bord du champ immaculé, du papier veuf encore d'arabesques, de jalons et de ratures, le blanc irresponsable, cru, aveuglant, affamé et ingrat... Peut-être aussi s'ennuyait-il au travail, d'un ennui si cuisant — cela s'est vu, cela se voit, il n'y a de mortel que l'ennui — qu'il préférât échanger cet ennui contre des combinaisons et des risques de manager au nombre desquels la question de qualité devenait, hélas, le plus léger de tous.

Il a dû fréquemment croire, une autre fois, qu'il était sur le point d'écrire, qu'il allait écrire, qu'il écrivait... la plume au doigt, une détente, une syncope de la volonté lui ôtaient ses illusions.

Voici donc Claudine à Paris. Colette, elle, y est installée depuis huit ans et habite « rue Jacob, au troisième étage entre deux cours », comme son héroïne. Au premier contact avec la ville, l'une comme l'autre perdent la joie et le désir même de vivre. La fièvre occupe les corps, dont les âmes sont absentes. « Il y a toujours un moment, dans la vie des êtres jeunes, où mourir leur est tout juste aussi normal et aussi séduisant que vivre, et j'hésitai », nous confie Colette dans Mes Apprentissages. *Cependant, la jeunesse triomphe,*

Claudine, comme Colette, entre en convalescence. Claudine, elle, a perdu ses cheveux, sur les prescriptions du médecin cependant que Colette a coupé les siens, « obéissant aux suggestions de M. Willy ». La ressemblance ne s'arrête sans doute pas là, mais revenons au roman, où Claudine se souvient avec regret de sa campagne natale.

J'errais dans les chemins pattés (boueux), dans les bois rouillés, parfumés de champignons et de mousse mouillée, récoltant des giroles jaunes, amies des sauces crémeuses et du veau à la casserole, et peu à peu, je compris que cette installation à Paris sentait la folie de trop près.

Un jour, à la lisière du bois des vallées, comme je regardais au-dessus de moi, et les bois, les bois qui sont ce que j'aime le plus au monde, et les prés jaunes, et les champs labourés, leur terre fraîche presque rose, et la tour sarrazine, au-dessus, qui baisse tous les yeux, je vis nettement, si clairement, la bêtise, le malheur de partir, que je faillis courir et dévaler jusqu'à la maison, pour supplier, pour ordonner, qu'on déclouât les caisses de livres et qu'on désentortillât les pieds des fauteuils.

Pourquoi ne l'ai-je pas fait ? Pourquoi suis-je restée là toute vide, avec mes mains froides sous ma capeline rouge ? Les châtaignes tombées sur moi dans leur coque me piquaient un peu la tête, comme des pelotons de laine où l'on a oublié des aiguilles à repriser.

La convalescence est terminée, Claudine rencontre de nouveaux visages.

Son « cousin en sucre », le jeune Marcel. Je n'ai rien vu de si gentil. Mais c'est une fille, ça ! C'est une gobette en culottes ! des cheveux blancs un peu longs ; la raie à droite... des yeux bleus, de petites anglaises et pas plus de moustaches que moi. Il est rose, il parle doucement en regardant par terre. On le mangerait !

L'audacieuse curiosité de Claudine s'éveille, qui se mue en désir de goûter un « mal sans danger ». Marcel et Claudine décident d'échanger des confidences sur leur expérience sensuelle et sentimentale.

— Ma tête ! Où a-t-on vu une école comme celle-là ? Mais Luce, Luce ?

— Luce geignait plus que tout le monde, les jours où elle était « de bois » et venait se faire consoler près de moi. « Claudine, j'ai la fret (j'ai froid), mes mains pluchent, aga (regarde) mon pouce tout grafigné ! Bine-moi, Claudine, ma Claudine. » Et elle se mussait sous mon capuchon, et m'embrassait.

— Comment ? Comment ? interroge nerveusement Marcel qui m'écoute, la bouche demi-ouverte ; les joues trop roses. Comment est-ce qu'elle vous bi... vous embrassait ?

— Sur les joues, tiens, sur le cou, dis-je, comme soudainement devenue idiote.

— Allez vous promener, vous n'êtes qu'une femme comme les autres !

— Luce n'était pas du tout de cet avis-là (je lui mets les mains sur les épaules pour le faire tenir tranquille) ; ne vous fâchez pas, ça va venir, les horreurs !

Un monsieur (à son tour) fait son entrée dans le cercle de nouveaux visages, Renaud, le père de Marcel.

Un grand monsieur mince, un monsieur bien. Il a le teint foncé. Beaucoup de cheveux châtains blanchissants ; des yeux jeunes avec des paupières fatiguées et une moustache soignée, d'un blond qui s'argente... Il ne m'a regardée qu'une seconde, mais c'est quelqu'un qui sait regarder... Il n'est pas vieux. C'est un père encore jeune. Son nez m'amuse, un peu courbe avec des narines qui remuent. Sous des cils très noirs, ses yeux luisent, gris bleu foncé. Il n'a pas de vilaines oreilles pour un homme. Ses cheveux blanchissent aux tempes et floconnent.

Claudine, chaperonnée à l'Opéra par son oncle Renaud, rencontre Maugis (et nous donne un échantillon de la prose Willy).

— Non, mais avez-vous savouré ce cochon de trombone aboyant parmi les roses de cette nuit écloses ? Si Faust dort malgré ce potin-là, c'est qu'il a dû lire *Fécondité* avant de se coller au pieu. D'ailleurs, quel fumier, cet orchestre ! Il y a là une pourriture de petit flûtiste qui n'est pas fichu, dans le Ballet sylphilitique, de souffler sa note de malheur en même temps que les machins harmoniques des harpes ;

si je le tenais, je lui ferais avaler son instrument par le...

— Mon ami, mon ami, module avec douceur l'Oncle dans le dos du convulsionnaire, si vous continuez, vous allez perdre toute modération de termes.

Maugis fait virer ses grosses épaules et montre un nez bref, des yeux bleus bombés sous des paupières tombantes, deux grandes moustaches féroces au-dessus d'une bouche enfantine... Encore tout gonflé d'une juste fureur, ses yeux en hublots et son cou congestionné lui donnent l'air d'un petit bœuf quelque peu batracien.

Claudine à Paris nous apparaît moins équilibrée, plus inquiète, malgré sa hardiesse arrogante. Elle cherche, elle attend le grand amour à la mesure de sa faim, ce grand amour pour lequel elle sait se garder, qui lui dicte son intransigeance.

Je suis à faire la maligne dans la vie, et à crier sur les toits : « Ah ! Ah ! on ne m'apprend rien, à moi, ah ! ah ! je lis tout, moi! et je comprends tout, moi, quoique je n'aie que dix-sept ans ! » Parfaitement. Et pour un monsieur qui me pince le derrière dans la rue, pour une amie qui vit ce que j'ai coutume de lire, je me bouleverse, je distribue les coups de parapluie ou bien je fuis le vice avec un beau geste. Au fond, Claudine, tu n'es qu'une vulgaire honnête fille.

... Je suis une pauvre petite fille triste, qui se réfugie le soir au poil roux de Fanchette, pour y cacher sa bouche chaude et ses yeux cernés. Je vous jure, je vous jure, ce n'est pas, ce ne peut être là l'énervement banal d'une qui a besoin d'un mari. J'ai besoin de bien plus que d'un mari, moi...

... Ma liberté me pèse, mon indépendance m'excède ; ce que je cherche depuis des mois, — depuis plus longtemps — c'était, sans m'en douter, un être. Les femmes libres ne sont pas des femmes.

La pauvre petite fille triste est aimée par son oncle Renaud. Elle s'abandonne à cet amour et l'épouse.

Dans un temps de ma jeunesse — *nous dit Mme Colette dans* Le Pur et l'Impur — j'ai fréquenté longuement des homosexuels variés, grâce à l'un des secrétaires-nègres de M. Willy.

... Il m'offrit sa confiance et m'amena ses amis. Parmi eux, je rajeunissais jusqu'à mon âge véritable. Je riais, rassurée par tant de jeunes hommes inoffensifs. J'apprenais comment s'habille un homme qui s'habille bien, car ils étaient Anglais pour la plupart, rigoureux en matière d'élégance, et le même garçon qui portait secrètement sur sa peau un sautoir en turquoises ne se fût permis ni cravate, ni mouchoir excentriques.

... Les fréquentant souvent, les questionnant rarement, n'usant jamais avec eux du persiflage, je rassurais ces hommes desquels je me garderai bien de dire qu'ils étaient peu virils. Un être à figure d'homme est viril par cela même qu'il contracte une manière dangereuse de vivre et des assurances de mourir exceptionnellement. Mort violente, inévitable chantage, entôlage, honteux procès... cravate, pantalon à revers sur le pied, musique, littérature, dots, mariages. Mes étranges amis n'évitaient devant moi aucun sujet de conversation et j'en suis encore à demander pourquoi on réserve à leurs pareils l'épithète « inconscients ».

Ils savent, d'une manière précise, ce qu'ils aiment et n'aiment pas. Ils connaissent les périls où ils s'engagent, les limites de leur intolérance particulière, et s'ils se plient à la prudence, ils l'oublient souvent.

... Je dois beaucoup à leur froide amitié, à leur sens critique féroce. Ils m'ont appris que non seulement l'homme amoureusement se contente de l'homme, mais encore qu'un sexe peut supprimer, en l'oubliant, l'autre sexe.

On rapprochera ce texte de la peinture de Marcel, « le joli cousin en sucre de Claudine », qui fait son entrée dans Claudine à Paris.

COLETTE EN 1900

CLAUDINE EN MÉNAGE

Claudine en ménage nous régale déja du style concis et sincère de Mme Colette. Cet ouvrage, qui nous révèle Claudine amoureuse, nous conte aussi ses déceptions. Elle cherchait un maître et un grand sentiment, elle n'a trouvé qu'un pauvre homme et beaucoup de complaisance douteuse. Voici ce que nous dit Mme Colette, dans Mes Apprentissages, sur une époque de sa vie qui coïncide avec ce livre.

Je trouvais naturel de vivre les poches vides, tout comme avant mon mariage. Je ne pensais pas non plus que j'eusse pu vivre mieux. Après le matinal chocolat lilas, je réintégrais mes noirs lambris, et je ne me rendais pas compte que j'y étiolais une vigoureuse fille élevée parmi l'abondance que la campagne consentait aux pauvres, le lait à vingt centimes le litre, les fruits et les légumes, le beurre à quatorze sous la livre, les œufs à vingt-six sous le quarteron, la noix et la châtaigne... A Paris, je n'avais pas faim, je me terrais, surtout pour ne pas connaître Paris, et j'avais déjà, après dix mois de mariage, d'excellentes raisons pour le redouter...

Comprendra-t-on que le fait d'échanger mon sort de villageoise contre la vie que je menais à dater de 1894 est une aventure telle, qu'elle suffit à désespérer une enfant de vingt ans, si elle ne l'enivre pas ? La jeunesse et l'ignorance aidant, j'avais bien commencé par la griserie — une coupable griserie, un affreux et impur élan d'adolescente. Elles sont nombreuses, les filles à peine nubiles qui rêvent d'être le spectacle, le jouet, le chef-d'œuvre libertin d'un homme mûr. C'est une laide envie, qu'elles expient en la contenant, une envie qui va de pair avec les névroses de la puberté, l'habitude de grignoter la craie et le charbon, de boire l'eau dentifrice, de lire des livres sages et de s'enfoncer des épingles dans la paume des mains.

Je fus donc punie, largement et tôt.

Ce texte éclaire d'un jour très vif le roman et nous permet de participer plus intimement aux confidences de Claudine. Sur la cérémonie de mariage à la « six-quat'-deux », Claudine ne nous dit rien. Mme Colette avait réservé à Noce, *publiée en 1943, sa plume la meilleure. Claudine nous fait confidence, par contre, de sa nuit de noces.*

Il me semble y être encore, je m'y vois, j'y suis. Quoi, c'est maintenant ? Que faire ?...

Il m'a couchée sur ses genoux et se penche sur ma bouche. Sans défense, je me laisse boire. J'ai envie de pleurer. Du moins, il me semble que j'ai envie de pleurer.

Avec une hâte maladroite, je défais et j'éparpille mes vêtements, lançant mes souliers en l'air, ramassant mon jupon entre deux doigts de pied, et mon corset que je jette, tout cela sans regarder Renaud assis devant moi. Je n'ai plus que ma petite chemise et je dis : « Voilà ! » l'air crâne, en frottant, d'un geste habituel, les empreintes du corset autour de ma taille. Renaud n'a pas bougé. Il a seulement tendu la tête en avant et empoigné les deux bras de son fauteuil, il me regarde. L'héroïque Claudine, prise de panique devant ce regard, court éperdue et se jette sur le lit. Sur le lit non découvert... Il m'y rejoint. Il m'y serre, si tendu que j'entends trembler ses muscles. Tout vêtu, il m'y embrasse, m'y maintient, mon Dieu, qu'attend-il donc pour se déshabiller, lui aussi ? Et sa bouche et ses mains m'y retiennent, sans que son corps me touche, depuis ma révolte tressaillante jusqu'à mon consentement affolé, jusqu'aux honteux gémissements de volupté que j'aurais voulu retenir par orgueil. Après, seulement après, il jette ses habits comme j'ai fait des miens, et il rit, impitoyable, pour vexer Claudine stupéfaite et humiliée, mais il ne demande rien, rien que la liberté de me donner autant de caresses qu'il en faut, pour que je dorme, au petit jour, sur le lit toujours fermé.

Nous voici donc dans l'intimité de Claudine. Il nous reste à regarder vivre ce nouveau ménage. Voici des confidences révélatrices.

La seule caresse, nous dit Claudine, que je n'ai jamais su accorder à mon mari, c'est le tutoiement. Je lui dis « vous », toujours, à toutes les heures, quand je le supplie, quand je consens, quand le tourment exquis d'attendre me force à parler par saccades d'une voix qui n'est pas la mienne. Mais, lui dire « vous », n'est-ce pas une caresse unique, que lui donne là cette Claudine un peu brutale et tutoyeuse ?

(On rapprochera, comme un trait amusant, ce texte, d'une révélation curieusement contradictoire de Mme Colette dans Mes Apprentissages. *Parlant de ses rapports avec M. Willy, elle écrit :* Car il me disait bizarrement « vous » et je le tutoyais.)

... J'ai souhaité ardemment que la volonté de Renaud courbât la mienne, que sa ténacité vînt assouplir mes sur-sauts indociles, qu'il eût, enfin, l'âme de ses regards, accoutumés à ordonner et à séduire. La volonté, la téna-cité de Renaud !... Il est plus souple qu'une flamme, brûlant et léger comme elle, et m'enveloppe sans me dominer. Hélas ! Claudine, dois-tu rester toujours maî-tresse de toi-même ?

La volupté m'apparut comme une merveille foudroyante et presque sombre.

On dirait que pour lui — et je sens que ceci nous sépare — la volupté est faite de désir, de perversité, de curiosité allègre, d'insistance libertine. Le plaisir lui est joyeux, clément et facile, tandis qu'il me terrasse, m'abîme dans un mystérieux désespoir que je cherche et que je crains.
... Il excelle à ne jamais se livrer, à glisser, à m'envelopper de tendresse évasive.
Il m'aime, cela est hors de doute, et plus que tout. Dieu merci, je l'aime, c'est aussi certain, mais qu'il est plus femme que moi ! comme je le sens plus simple, plus brutal... plus sombre... plus passionné.

A tort ou à raison, j'ai besoin de respecter, de redouter un peu ce que j'aime. J'ai ignoré la crainte aussi longtemps que l'amour et j'aurais voulu qu'elle vînt avec lui.

Sur les sources d'inspiration possible de Mme Colette, on se référera avec intérêt aux confidences contenues dans Mes Apprentissages, *toujours aussi curieusement contradictoires ou complémentaires.*

J'ai connu des individus énormes, par exemple Gaston Leroux. M. Willy n'était pas énorme, mais bombé. Le puissant crâne, l'œil à fleur de front, un nez bref, sans arête dure, entre les joues basses, tous ses traits se ralliaient à la courbe. La bouche étroite, mignarde, agréable, sous les très fortes moustaches d'un blond gris qu'il teignit longtemps, avait je ne sais quoi d'anglais dans le sourire.

Rondeur, suavité, calvitie qui concentrait la lumière et les regards, voix et contours adoucis... Pour le peu que je perçais tant de défense lenticulaire j'avais déjà de quoi rêver sombrement. C'est un moment bien curieux dans une vie que le moment où naît, où s'installe la peur.

Parmi les courages hors de saison, la bravoure des jeunes filles est insigne. Mais, sans elle, on verrait moins de mariages. On verrait encore moins de ces fugues qui oublient tout, même le mariage.

Un écho, peut-être, ces quelques lignes dans Mes Apprentissages ?

La brûlante intrépidité sensuelle jette, à des séducteurs mi-défaits par le temps, trop de petites beautés impatientes, et c'est à celles-ci, ma mémoire aidant, que je chercherai querelle. Le corrupteur n'a même pas besoin d'y mettre le prix, sa proie piaffante ne craint rien, pour commencer. Mais elle s'étonne souvent : « Et que fait-on encore ? Est-ce là tout ? Recommence-t-on, au moins ? » Tant que durent son contentement ou sa curiosité, elle distingue mal l'éducateur. Que ne contemple-t-elle plus longtemps l'ombre de Priape avantagée sur le mur, au clair de lune ou à la lampe ! Cette ombre finit par démasquer l'ombre d'un homme, qui a déjà de l'âge, un trouble regard bleuâtre, illisible, le don des larmes à faire frémir, la voix merveilleusement voilée, une légèreté étrange d'obèse, une dureté d'édredon bourré de cailloux...

Mais écoutons Claudine nous confier encore :

Depuis un an et demi, je sens progresser en moi l'agréable et lente corruption que je dois à Renaud. A les regarder avec lui, les grandes choses s'amoindrissent, le sérieux de la vie diminue ; les futilités inutiles, nuisibles surtout, assument une importance énorme. Mais comment me défendre contre l'incurable et séduisante frivolité qui l'emporte, et moi avec lui ?

Il y a pis : Renaud m'a découvert le secret de la volupté donnée et ressentie, et je la détiens, et j'en jouis avec passion, comme une enfant d'une arme mortelle. Il m'a révélé le pouvoir, sûr et fréquent, de mon corps long, souple et musclé...

Il a trop voyagé, moi pas assez. Moi, je n'ai de nomade que l'esprit... Moi, j'aime les courses qui ont une fin. Lui, amoureux du voyage pour le voyage, il se lève joyeux sous un ciel étranger en songeant qu'aujourd'hui il partira encore... Il s'en va, ne regrettant ni le hameau, ni les fleurs, ni le vin puissant.

Moi, je le suis... mais je me sens, au pied, un fil dont l'autre bout s'enroule et se noue au vieux noyer, dans le jardin de Montigny.

Attirée par une nostalgie invincible, Claudine, au cours d'un bref voyage, se retrempe dans l'ambiance de son enfance.

Voilà tout là-haut le bois des Fredonnes qui tient à celui des Vallées... le chemin des vrilles, serpent jaune de sable, qu'il est étroit... On a tué le bois des Corbeaux sans ma permission ! sa peau râpée est maintenant visible, toute nue... Joie, joie de revoir la Montagne aux Cailles, bleue et nébuleuse, qui se vêt de gaze irisée les jours de soleil, et se rapproche, nette, lorsque le temps tourne à la pluie. Elle est pleine de coquilles fossiles, de chardons violâtres, de fleurs dures et sans sève, fréquentées de papillons menus, aux ailes de nacre bleue, d'Appollos tachés de lunules, oranges comme des orchidées, de lourds Morios, en velours sombre et doré.

Au retour de ce voyage, Claudine sent grandir la distance qui la sépare de Renaud, de son idéal de l'amour.

La vérité, c'est que Renaud aime le bavardage des miroirs, leur lumière polissonne, tandis que je les fuis, dédaigneuse de leurs révélations, chercheuse d'obscurité de silence, de vertige.

... Cet homme que la crainte de vieillir dévore, et qui devant les glaces, constate avec des minuties désespérées les lacis de ses petites rides au coin des yeux, ce même trépigne dans le présent, et pousse, fiévreux, Aujourd'hui vers Demain. Moi, je m'attarde au passé, ce passé fût-il hier, et je me retourne en arrière presque toujours avec un regret.

J'habite ici chez un monsieur, un monsieur que j'aime, soit, mais j'habite chez un monsieur ! Hélas, Claudine, plante arrachée de sa terre, tes racines étaient donc si longues ?

Le malaise de Claudine grandit. Un événement va préci-piter le drame. Elle fait la connaissance de Rézi.

Rézi... toute sa personne fleure un parfum de fougère et d'iris, odeur honnête, simplette et agreste qui surprend et ravit par contraste, car je ne lui découvre rien d'agreste, de simplet ni, ma foi, de net Elle est bien trop jolie. Elle m'a parlé de son mari, de ses voyages, de moi, mais je ne sais rien d'elle-même, que son charme.

Une « vieille intimité » unit en quinze jours les deux femmes.

... Elle me fait les honneurs de sa beauté et de sa grâce, avec une insistance coquette.

Je n'encourage rien. Je laisse passer le temps, je contemple sous toutes ses nuances cette Rézi irisée, et j'attends ce qui viendra, j'attends, j'attends..., avec plus de paresse que d'honnêteté.

Rézi ne ment pas, elle dissimule...

Mais plus que les complaisances de Rézi, l'attitude de Renaud choque Claudine.

Pourquoi, voulais-je dire, mon cher grand, souriez-vous aguiché, presque approbateur, à l'idée que Luce me fut une trop tendre amie ?... à l'espoir — je répète l'espoir ! — que Rézi pourrait devenir une Luce plus heureuse.

... Le vice, c'est le mal qu'on fait sans plaisir...

... Oh, cher Renaud, que je vous eusse aimé pour un sec et grondeur refus !...

... Je supporte mal la présence de Renaud, si volontiers immiscée en tiers.

Il s'empresse, gentil, heureux sans doute, comme Rézi, de la situation « pas ordinaire »... ce besoin, commun à tous deux, de s'affirmer vicieux et bien moderne, me confond.

... Je vous jure, je vous jure que j'en suis aussi choquée, irritée et pudique qu'une fille sage devant des images obscènes... La volupté... la mienne, n'a rien à voir avec le pelotage.

En écrivant La Vagabonde, *Mme Colette, quelques années plus tard, nous a fait part d'une pénétrante réflexion qui, transposée aux réactions de Claudine, leur confère leur vrai sens.*

Deux femmes enlacées ne seront jamais pour lui qu'un groupe polisson, et non l'image mélancolique et touchante de deux faiblesses, peut-être réfugiées au bras l'une de l'autre pour y dormir, y pleurer, fuir l'homme souvent méchant, et goûter, mieux que tout plaisir, l'amer bonheur de se sentir pareilles, infimes, oubliées.

Sur l'amour saphique, Mme Colette, dans Le Pur et l'Impur *nous a livré des pages d'une distinction admirable, qui complètent heureusement le roman de* Claudine en ménage.

Ce n'est point de la passion qu'éclôt la fidélité de deux femmes, mais à la faveur d'une sorte de parenté... j'ai écrit parenté quand il faudrait peut-être écrire similitude... L'étroite ressemblance rassure même la volupté. L'amie se complaît dans la certitude de caresser un corps dont elle connaît les secrets et dont son propre corps lui indique les préférences.

Si, disjointes, les deux ombres l'une sur l'autre décalquées, ici minces, là renflées comme les ombres de deux balustres, laissent entre elles l'espace d'un intrus, c'est assez pour ruiner l'édifice intelligent.

Il n'est pas besoin que l'ombre redoutée sur le vide mitoyen, soit celle du pire intrus, l'homme. La plus ordinaire irruption peut changer mortellement l'égale atmosphère de couveuse, au sein de laquelle deux femmes se dévouent à une création de leur esprit. Souvent, c'est l'homme qui surgit, fidèle à sa mission d'enchanter la femme, et de l'épuiser rien que par sa dissemblance éblouissante. Il paraît alors, par contraste, tout luxe, ostentation. Il est nécessaire et néfaste comme un rigoureux climat natal, mais il aime qu'on le convoite comme un superflu. Parfois, les amies ont le temps d'aveugler la voie par laquelle il a pénétré, et héroïquement elles se reprennent à vivre unies, ayant partagé jusqu'à la suprême privation.

On trouvera que je fais la part petite au fiévreux plaisir, dans ce chapitre où passent et repassent, liées par paires, des femmes. C'est, d'abord, parce que le libertinage saphique est le seul qui soit inacceptable.

Il n'y aura jamais assez de blâme sur les saphos de rencontre, celle du restaurant, du dancing, du train bleu et du trottoir, celle qui provoque, qui rit au lieu de soupirer.

... Deux femmes bien éprises n'évitent pas la volupté, ni une sensualité plus éparse que le spasme, et plus chaude que lui. C'est cette sensualité sans résolution et sans exigence, heureuse du regard échangé, du bras sur l'épaule, émue de l'odeur de blé tiède réfugiée dans une chevelure, ce sont ces délices de la présence constante de l'habitude qui engendrent et excusent la fidélité.

Peut-être cet amour qu'on dit outrageant pour l'amour échappe-t-il aux saisons, au déclin de l'amour, sous la condition qu'on le gouverne avec une sévérité invisible, qu'on le nourrisse de peu, qu'il vive à tâtons et sans but, et que sa fleur unique soit une conscience telle que l'autre amour ne puisse ni la sonder, ni la comprendre, mais seulement l'envier.

COLETTE A VINGT ANS.

Quel mensonge ! Je me
suis coupé les cheveux à
trente - trois ans !

Colette

Colette et Toby-chien - 1905

*Évoquant l'exemple célèbre des « Vierges de Llangollen »,
elle écrit :*

Ici, le lecteur ordinaire sourit, Il ne se prive pas, non
plus, d'un petit « eh, eh ! ». Mais je ne suis pas un lecteur
ordinaire. Je ne souris pas de cette heure refermée sur
deux femmes qui, refusant d'être la parodie d'un couple,
franchissent, suppriment, le stage d'un faux hymen,
atteignent le refuge du sommeil à deux, de la veille à deux,
de la nocturne angoisse à deux... car il n'y a point de
sécurité sur deux femmes qui ont résolu de vivre seules.
Tout leur est permis, sauf une seule espèce de quiétude.

Et c'est pourquoi je contemple, avec une amitié et une
émotion éclairées, « la » chambre envahie par l'angoisse,
visitée enfin par le sommeil, puis par l'aube, « la » chambre
et « le » lit où reposent deux folles et douces créatures,
si fermement fidèles à une chimère.

*Cependant, Claudine découvre que Rézi, pour laquelle
elle ressent une amitié particulière, la trompe avec Renaud.
Elle révèle alors sa vraie nature, refuse toute compromission
et préfère le silence à la fuite. Les pages consacrées à la
scène où Claudine, Renaud et Rézi s'affrontent, sont sans
doute les plus belles du roman, par le mouvement, la justesse
des tons, la précision du style. Nous ne retiendrons que l'événement, le départ de Claudine à Montigny — où, au contact
de la nature, elle tente de retrouver son calme.*

Ah, qu'il fait bon dépayser son mal.

Toute ma journée s'écoule à chercher, pas à pas...
miettes à miettes, mon enfance éparse aux coins de la
vieille maison ; à regarder aux barreaux de la grille qu'a
tordus la glycine puissante, changer et pâlir puis violacer
au loin la montagne aux Cailles. Les bois drus, d'un vert
opaque et plein, tout bleuis vers le soir, je ne veux les
aimer que demain. Aujourd'hui, je panse mon mal, et je
le dorlotte à l'abri. Trop de lumière, trop de vent pur,
et les vertes ronces fleuries de ronce pourraient effilocher
l'ouate légère de guérison où s'enveloppe mon chagrin.

... Je veux, comme lorsque j'étais petite fille, me lever
avant le soleil pour aller surprendre aux bois des Fredonnes
le goût nocturne de la source froide et les lambeaux de la
nuit qui, devant les premiers rais, reculent au sous-bois
et s'y enfoncent.

En écrivant la conclusion de son roman, Mme Colette avait peut-être en esprit son propre cas et l'on ne peut, sans être troublé, relire les lignes qu'elle consacre dans Mes Apprentissages *à ses premières années de mariage.*

Je ne pensais pas à fuir. Où aller, comment vivre ? Toujours ce souci de Sido ? Toujours ce refus intranssigeant de retourner auprès d'elle, d'avouer... Il faut comprendre que je ne possédais rien en propre. Il faut comprendre aussi qu'un captif, animal ou homme, ne pense pas tout le temps à s'évader, en dépit des apparences, en dépit du va-et-vient derrière le barreau, d'une certaine manière de lancer le regard très loin derrière les murailles. Ce sont là des réflexes imposés par l'habitude, par les dimensions de la geôle.

Fuir ?... Comment fait-on pour fuir ?... Nous autres, filles de province, nous avions de la désertion conjugale, vers 1900, une idée énorme et peu maniable, encombrée de gendarmes, de malles bombées et de voilette épaisse, sans compter l'indicateur des chemins de fer...

Pour Colette, l'attitude de Claudine n'était qu'un beau rêve.

Colette
vers 1897.

CLAUDINE S'EN VA

Claudine s'en va *est un curieux ouvrage, le moins bon peut-être de la série des Claudine, par son manque d'unité, par le trop grand nombre d'intrigues, d'événements, de personnages, qui occupent le journal d'Annie.*

Cependant, ce livre est pour nous d'un grand intérêt parce qu'Annie se confond dans notre esprit souvent avec Colette qui, par un amusant procédé, imagine pour son héroïne une situation qu'elle-même connaîtra deux ans plus tard.

Prémonition qui pourrait tenter un essayiste soucieux d'expliquer le caractère du talent de Mme Colette. Enfin, avec cette œuvre, s'achève l'évolution de Claudine, que nous avons connue espiègle et curieuse de l'éveil de ses sens puis amoureuse... et trahie. Elle est maintenant installée dans son bonheur... Félicité que l'auteur a eu quelque difficulté à traduire.

Nous faisons tout d'abord connaissance avec Léon, le romancier traité par sa femme en « propriété de rapport », et dont Colette nous dit :

Elle l'enferme régulièrement trois à quatre heures par jour, moyennant quoi il fournit un bon rendement moyen d'un roman deux tiers par an.

Qu'il y ait des femmes douées d'assez d'initiative, de volonté quotidienne — et de cruauté aussi — pour édifier et soutenir un budget, un train de vie, sur le dos penché d'un homme qui écrit, qui écrit et qui n'en meurt pas, cela me dépasse.

Annie, pour la première fois, songe à son destin de femme :

Cet homme-là, c'est mon mari qui voyage au loin. Je tremble devant son image comme je tremble devant lui-même, une créature courbée, inconsciente de sa chaîne, voilà ce qu'il a fait de moi... Bouleversée, je cherche obstinément dans notre passé de jeunes époux, un souvenir qui puisse m'amuser de nouveau, qui me rende le mari que j'ai *cru* avoir. Rien, je ne trouve rien...

... Je suis lasse avant de recommencer ma vie. Un coin propre, silencieux, des visages nouveaux derrière lesquels j'ignore tout — je ne demande rien, rien de plus.

Annie découvre la trahison de son mari. Claudine lui écrit et la conseille :

Vous n'êtes encore ni assez clairvoyante, ni assez résignée. Que vous n'aimiez pas, c'est un malheur, un malheur calme et gris. Oui, Annie, un malheur ordinaire. Mais songez que vous pourriez aimer sans retour, aimer et être trompée... C'est le seul grand malheur, le malheur pour lequel on tue, on brûle, on anéantit...

Je ne peux pourtant pas vous dire, bon sang ! vous dire tout à trac : « On ne vit pas avec un homme qu'on n'aime pas. C'est de la cochonnerie... »

Vainement, Annie tentera de retrouver goût à la vie aux sources de la nature ; elle se réfugie dans un coin de campagne. Mais le remède qui avait suffi à Claudine est sur elle sans effet. La crise est autrement grave. Une seule issue : partir loin, libre.

La liberté... est-ce très lourd, Claudine ? Est-ce bien difficile à manier ? Ou bien, sera-ce une grande joie, la cage ouverte, toute la terre à moi ?

— Non, Annie, pas si vite... peut-être jamais... Vous porterez longtemps la marque de la chaîne. Peut-être êtes-vous aussi de celles qui naissent courbées ? Mais il y a pis que cela. Je crains...

— Quoi donc ?

— Je crains la rencontre. Vous le rencontrerez, l'homme qui n'a pas croisé encore votre chemin. Si, si, celui-là vous attend quelque part. C'est juste, c'est inévitable. Seulement, Annie, ô ma chère Annie, sachez bien le reconnaître, ne vous trompez pas, car il a des sosies, il a des ombres multiples, il a des caricatures, il y a, entre vous et lui, tous ceux qu'il faut franchir ou écarter.

... Devant moi, c'est le trouble avenir. Que je ne sache rien de demain, que nul pressentiment ne m'avertisse... Je veux espérer et craindre que des pays se trouvent où tout est nouveau, des villes dont le nom seul vous retient, des ciels sous lesquels une âme étrangère se substitue à la vôtre... Ne trouverai-je pas, sur toute la grande terre, un à peu près de paradis pour une petite créature comme moi ?

Je me résigne à tout ce qui viendra. Avec une triste et passagère clairvoyance, je vois ce recommencement de ma vie. Je serai la voyageuse solitaire...

Ces textes prennent leur véritable saveur si on les complète par les lignes que Mme Colette, songeant à elle-même et à une époque semblable de sa vie, écrivit en 1936 dans Mes Apprentissages.

La voyante Freya, alors jeune et aux premiers jours de sa renommée, regarda les paumes, s'étonna :

— C'est... oh, c'est curieux... je n'aurais jamais cru... il va falloir en sortir...

— De quoi ?

— D'où vous êtes.

— Déménager ?

— Aussi, mais c'est un détail, il va falloir en sortir...
vous avez beaucoup tardé.

En quoi, je fus, malgré les termes sybillins de sa consul-
tation, de son avis. Depuis, j'ai accepté l'idée que nous
nous trompions toutes deux et que je n'avais pas trop
tardé. Il est bon de ne pas regarder à dix ans de sa vie — j'ai
fait bonne mesure avec trois de plus — pourvu que ces dix
ans soient prélevés sur la première jeunesse.

Fuir, c'eût été organiser déjà un temps futur. Mon père,
l'imprévoyant, ne m'a légué aucun sens de l'avenir, et
Sido, la fidèle, n'a jeté qu'un regard effrayé sur les voies
étroites par lesquelles ses enfants s'avanceraient jusqu'à
l'âge de mourir.

1900

LA RETRAITE SENTIMENTALE

Véritable retraite mystique, La Retraite sentimentale, *qui achève le cycle des Claudine, coïncide avec une étape de la vie de l'auteur. Divorcée en 1906, Mme Colette retrouve, on peut le penser, comme Claudine, au contact de la nature, l'aliment nécessaire à ses sentiments blessés.*

Dans le roman, Renaud, qui va mourir, est en traitement dans un sanatorium. Annie, qui a connu bien des aventures amoureuses depuis sa fugue, s'est réfugiée auprès de Claudine. Elles mènent une existence recluse que seul le jeune Marcel viendra un instant troubler. Casamène, où se déroule l'action, n'est autre que les Monts-Boucons dont Colette, dans Mes Apprentissages, *dira plus tard :*

A la moindre sollicitation de ma mémoire, le domaine des *Monts-Boucons* dresse son toit de tuiles presque noires, son fronton directoire — qui ne datait sans doute que de Charles X — peint en camaïeu jaunâtre, ses boqueteaux, son arche de roc dans le goût d'Hubert Robert. La maison, la petite ferme, les cinq ou six hectares qui les entouraient, M. Willy sembla me les donner : « tout cela est à vous ». Trois ans plus tard, il me les reprenait. « Cela n'est plus à vous, mais à moi ».

De juin à novembre, trois ou quatre années de suite, j'ai goûté là-haut une solitude pareille à celle des bergers. Solitude surveillée, cela va sans dire, et visitée par M. Willy lui-même.

Mais derrière lui, je me sentais redevenir meilleure, c'est-à-dire capable de vivre sur moi-même et ponctuelle comme si j'eusse déjà su que la règle guérit tout.

... Le goût de toutes mes heures franc-comtoises m'est resté si vif qu'en dépit des années, je n'ai rien perdu de tant d'images, de tant d'étude, de mélancolie. En somme, j'apprenais à vivre. On apprend donc à vivre ? Oui, si c'est sans bonheur. La béatitude n'enseigne rien. Vivre sans bonheur, et n'en point dépérir, voilà une occupation, presque une profession. Pendant que j'écrivais *La Retraite sentimentale*, petites aventures d'Annie, jeune femme qui aime beaucoup les hommes, et de Marcel qui n'aime pas du tout les femmes, je développais des forces qui n'avaient rien à voir avec la littérature. Mais elles ployaient si je les bandais trop fort. Je n'en étais pas encore à vouloir fuir le domicile conjugal, ni le travail plus conjugal que le domicile. Mais je changeais. Qu'importe que ce fût lentement ! Le tout est de changer.

Je m'éveillais vaguement à un devoir envers moi-même, celui d'écrire autre chose que les *Claudine*. Et, goutte à goutte, j'exsudais les *Dialogues de Bêtes*, où je me donnai le plaisir, non pcint vif, mais honorable, de ne pas parler de l'amour.

Sur la mort de Renaud, Mme Colette nous dira dans L'Étoile Vesper :

Ce Renaud qu'épousa Claudine, il est l'inconsistance même. Ce séducteur mûr, sorti de l'imagination d'une jeune femme assez jeune fille pour croire aux séducteurs mûrs, je ne l'eus pas plus tôt créé que je le pris en grippe, et dès qu'il me prêta le flanc, je le tuai. Sa mort me donna l'impression d'accomplir une sorte de puberté littéraire et l'avant-goût des plaisirs que s'autorise la mante-religieuse.

Claudine nous présente Casamène :

Ce pays, que j'aime déjà, réunit l'âpreté d'un midi de mistral, les pins bleus de l'Est, et du haut de la terrasse de gravier, on voit luire, très loin, une froide rivière argentée et rapide, couleur d'ablette.

Le mur de clôture s'écroule sur la route, la vigne vierge anémie sournoisement les glycines, et les rosiers qu'on ne renouvelle pas dédoublent leurs fleurs, redeviennent églantiers. Du labyrinthe puérilement dessiné par le grand-père d'Annie, il reste un fouillis d'érables, d'alisiers, des taillis de ce qu'on nomme à Montigny « pulains »,

RUE JACOB...

La joue creuse,
l'air fatigué, bat —
c'est bien
moi...
en 1897
Colette

... EN 1897

des bosquets de végélias démodés. Les sapins ont cent ans et ne verront pas un autre siècle, parce que le lierre gaine leurs troncs et les étouffe... Quelle main sacrilège tourna sur son socle la dalle d'ardoise du cadran solaire, qui marque midi à deux heures moins le quart ?

... La maison d'Annie est une basse vieille maison à un étage, chaude l'hiver et fraîche l'été, un logis sans atours, non sans grâce. Le petit fronton de marbre sculpté — trouvaille d'un grand-père nourri de bonnes lettres — s'écaille et moisit, tout jaune, et, sous les cinq marches descellées du perron, un crapaud chante le soir, d'un gosier amoureux et plein de perles. Au crépuscule, il chasse les derniers moucherons, les petites larves qui gîtent aux fentes des pierres. Déférent, mais rassuré, il me regarde de temps en temps, puis s'appuie d'une main humaine contre le mur, et se soulève debout pour happer... j'entends le « mop » de sa bouche large... Quand il se repose, il a un tel mouvement de paupières, pensif et hautain, que je n'ai pas encore osé lui adresser la parole...

Et Claudine nous livre ses méditations :

Pourquoi mon orgueil s'attache-t-il à ne vouloir dans mon cœur que des êtres *particuliers ?*

... Y a-t-il dans le monde beaucoup de femmes aussi solitaires que moi... ou bien est-ce la destinée, très simple et très commune, de celles qui ont tout donné d'elles-mêmes, en une fois et pour toujours ?

... Je gratte la terre humide, l'herbe d'où se retire la sève, avec cette pensée digne du premier homme qui conquit son gîte : « Cette toison d'herbe est à moi, et à moi aussi le dessous gras de la terre, la demeure profonde du ver, les corridors sinueux de la taupe, à moi, encore plus bas, le roc qui n'a jamais vu la lumière ; à moi, si je veux, l'eau prisonnière et noire, enfouie à cent pieds, dont je boirai, si je veux, la première gorgée à goût de grès et de rouille... »

Dans les confidences d'Annie, on peut noter celle concernant son engagement au Panturins, dans une pantomime, « Le Dieu, le mirage et la puissance »; relation à peine voilée d'une circonstance analogue de la vie de Mme Colette, qui interpréta « Le Désir, l'amour et la chimère », un mimo-

*drame extrait d'un poème de Francis de Croisset, au théâtre
Michel.*

Je n'ai pas vu le public... on faisait la nuit dans la salle.
La lumière de la rampe me serrait le front. J'ai entendu,
senti, une chaude haleine, un remuement de bêtes invisibles,
au fond de ce noir béant... Ma tête craquait de fatigue,
et le maquillage, un maquillage anglais, rose bonbon,
blanc et bleu pervenche, me tirait la peau des joues.

... Ça marchait très bien jusqu'à ma grande scène avec
le Faune, avec Willette Collie [1]. Cette toquée s'ingéniait
à varier notre duo tous les soirs, et j'en tremblais d'avance.
Un jour, elle m'empoigna par les reins comme un paquet
et m'emporta sous son bras, ma tunique et mes cheveux
roux traînant en queue triomphale... Une autre fois, pendant notre baiser — le fameux « baiser » qui fit scandale
et qu'elle me donnait avec une fougue indifférente, — elle
insinua sa main sous mon bras et me chatouilla
irrésistiblement...

*Claudine nous confie encore qu'au gré d'un rangement,
un carton crève, laissant fuir...*

... des papiers jaunes, de petites photographies mal
lavées, roulées en tubes, roussies... J'y retrouve difficile-
ment les raccourcis d'un beau voyage égoïste que nous
fîmes à Belle-Ile-en-Mer, Renaud et moi, voilà huit ans...

... Au crépuscule, avant le souper et la danse, ces bigoudens fraîches et noires, deux par deux, trois par trois, se
promenaient d'un pas paresseux... Par une nuit de lune qui
ourlait d'argent la mer paisible et suspendait dans un givre
impalpable et bleu le phare de Kervilaouen, l'une d'elles,
plus hardie, osa nous héler d'une voix pieuse :

— Vous n'avez besoin de personne ?

— Pour quoi faire ?

— Pour coucher avec vous...

Nous la regardions en riant, amusés de sa timide
audace... Elle était jeune, coiffée de lin frais, elle semblait
cirée, encaustiquée à neuf, et le moindre souffle de sa jupe
balayait jusqu'à nous une odeur infâme de poisson
gâté...

---

1. Déformation du nom de Colette Willy.

Mais Belle-Ile-en-Mer est un souvenir bien réel pour Mme Colette, qui le relate dans Mes Apprentissages.

Lorsque, presque guérie contre toute vraisemblance, je m'en allai avec M. Willy, à Belle-Ile-en-Mer, Paul Masson nous accompagna... L'alluvion féminine annuelle, les bigoudens casquées, brillantes comme des coléoptères, engagées pour l'étêtage et la cuisson des sardines, attendaient le poisson qui tardait, et, en attendant, recherchaient tout ce qui portait braies : « Vous avaï pas besoin de personne ? », demandaient les bigoudens à mon compagnon.
— Pour quoi faire ?
— Pour couchaï avec vous.
Il leur faisait un signe fourchu, et elles fuyaient, remuant dans leurs belles jupes l'odeur du poisson gâté.

Pour Claudine, l'heure du souvenir est aussi celle de la douleur et de la sérénité.

... N'y a-t-il pas une voix déjà confiante qui chuchote : « Cela s'arrangera. On ne sait pas comment, mais cela s'arrangera. Il n'y a pas de peine irrémédiable, sauf la mort. L'habitude seule de vivre mal à l'aise, de souffrir tous les jours, cette passive routine est déjà un remède, un rythme qui modère et adoucit les heures... »

... Je ne crains personne, — ni moi-même ! La tentation ? je la connais. Je vis avec elle, qui se fait familière et inoffensive.

... *L'autre* tentation, la chair, fraîche ou non ?... Tout est possible, je l'attends. Cela ne doit pas être terrible, un désir sans amour... Cela se contient, se châtie, se disperse...

Sur le laurier-rose, un sphinx vibre, immobile, fixé à la fleur par sa trompe déroulée comme par un laiton très fin. Il vibre si follement qu'il semble, transparent, l'ombre de lui-même... Le temps est loin où je n'aurais pas résisté à le saisir, à enfermer dans ma main son vol électrique, pour regarder luire, loin de la lampe, ses yeux phosphorescents... Je sais mieux chérir, maintenant, et je veux libres, autour de moi, la vie des plantes et celle des bêtes sans défiance...

L'INGÉNUE LIBERTINE

Dans la galerie des portraits et des caractères dus à Mme Colette, on peut aisément confondre Annie, héroïne de La Retraite sentimentale, *et Minne, dont les égarements sont la trame de* L'Ingénue libertine.

La jeunesse de Minne n'est peut-être pas celle d'Annie, dont nous ne savons rien, mais leur maturité se nourrit de la même passion : la recherche de la volupté. Toutes deux rêvent d'un amour absolu, qui occupait aussi le cœur de Claudine ; une déception les a livrées au démon des corps, ce hâvre de grâce des âmes en peine.

En fait, Minne se berce des illusions les plus romanesques. A 14 ans et huit mois, fille unique d'une maman de trente-trois ans, elle aspire à être le « Casque de cuivre » d'un moderne apache, et son rêve éveillé est si intense qu'elle part un soir à la poursuite d'une ombre, croyant reconnaître son rôdeur. Aventure sans issue. Elle cachera désormais sa soif d'exaltation, mais ne guérira pas. Mariée à son cousin Antoine, Minne, plus inquiétante que jamais, recherche entre les bras de ses amants la plénitude de vie à laquelle elle aspirait enfant. Quête vaine. Aucun ne lui permet d'atteindre la volupté si ardemment désirée. C'est son mari, enfin, qui lui ouvre les portes du plaisir... en des pages d'une subtilité et d'une facture parfaites.

Elle glissa hors de la chemise longue, tendit aux mains et aux lèvres d'Antoine les fruits tendres de sa gorge et se renversa sur l'oreiller, passive, un pur sourire de sainte qui défie les démons et les tourmenteurs...

Il la ménageait pourtant, l'ébranlait à peine d'un rythme doux, lent, profond... Elle entr'ouvrait les yeux ; ceux d'Antoine, encore maître de lui, semblaient chercher Minne au-delà d'elle-même... Elle se rappela les leçons d'Irène Chaulieu, soupira : « Ah ! Ah ! » comme une pensionnaire qui s'évanouit, puis se tut, honteuse. Absorbé, les sourcils noueux dans un dur et voluptueux masque de Pan, Antoine prolongeait sa joie silencieuse... « Ah ! Ah ! ... » dit-elle encore, malgré elle... Car une angoisse progressive, presque intolérable, serrait sa gorge, pareille à l'étouffement des sanglots près de jaillir...

Une troisième fois, elle gémit et Antoine s'arrêta, troublé d'entendre la voix de cette Minne qui n'avait jamais crié... L'immobilité, la retraite d'Antoine ne guérirent pas Minne, qui maintenant trépidait, les orteils courbés, et qui tournait la tête de droite à gauche, de gauche à droite, comme une enfant atteinte de méningite. Elle serra les poings, et Antoine put voir les muscles de ses mâchoires délicates saillir, contractés.

Il demeurait craintif, soulevé sur ses poignets, n'osant la reprendre... Elle gronda sourdement, ouvrit des yeux sauvages et cria :

— Va donc !

Un court saisissement le figea, au-dessus d'elle ; puis, il l'envahit avec une force sournoise, une curiosité aiguë, meilleure que son propre plaisir. Il déploya une activité lucide, tandis qu'elle tordait des reins de sirène, les yeux refermés, les joues pâles et les oreilles pourpres... Tantôt elle joignait les mains, les rapprochait de sa bouche crispée, et semblait en proie à un enfantin désespoir... Tantôt, elle haletait, bouche ouverte, enfonçant aux bras d'Antoine ses ongles véhéments... L'un de ses pieds, pendant hors du lit, se leva, brusque, et se posa une seconde sur la cuisse brune d'Antoine qui tressaillit de délice.

Enfin, elle tourna vers lui des yeux inconnus et chantonna : « Ta Minne... ta Minne... à toi... » tandis qu'il sentait enfin, contre lui, la houle d'un corps heureux.

LES VRILLES DE LA VIGNE

Le dialogue Colette-Claudine (et de ces images d'elle-même qui se nomment Annie ou Minne) s'achève avec Les Vrilles de la Vigne, *comme se termine une étape de la vie de l'auteur, qui reprend sa liberté.*

Une nuit de printemps, le rossignol dormait debout sur un jeune sarment, le jabot en boule et la tête inclinée comme avec un gracieux torticolis. Pendant son sommeil, les cornes de la vigne, ces vrilles cassantes et tenaces dont l'acidité d'oseille fraîche irrite et désaltère, les vrilles de la vigne poussèrent si drues, cette nuit-là, que le rossignol s'éveilla ligotté, les pattes empêtrées de liens fourchus, les ailes impuissantes...

Il crut mourir, se débattit, ne s'évada qu'au prix de mille peines, et de tout le printemps, se jura de ne plus dormir tant que les vrilles de la vigne pousseraient.

Dès la nuit suivante, il chanta pour se tenir éveillé.

... Cassantes, tenaces, les vrilles d'une vigne amère m'avaient liée, tandis que dans mon printemps, je dormais d'un somme heureux et sans défense. Mais j'ai rompu, d'un sursaut effrayé, tous ces fils tors qui, déjà, tenaient à ma chair, et j'ai fui... Quand la torpeur d'une nouvelle nuit de miel a pesé sur mes paupières, j'ai craint les vrilles de la vigne et j'ai jeté tout haut une plainte qui m'a révélé ma voix.

D'où cette confidence à Toby-chien, dans La Paix chez les Bêtes :

J'en ai assez. Je veux... je veux faire ce que je veux... je veux jouer la pantomime, même la comédie. Je veux danser nue, si le maillot me gêne et humilie ma plastique... je veux écrire des livres tristes et chastes, où il n'y aura que des paysages, des fleurs, du chagrin, de la fierté, et la candeur des animaux charmants qui s'effraient de l'homme.

Libérée de tout ce qui l'oppressait, Mme Colette fait le bilan de ses forces neuves.

J'appartiens à un pays que j'ai quitté. Tu ne peux empêcher qu'à cette heure s'y épanouisse au soleil toute une chevelure embaumée de forêts. Rien ne peut empêcher qu'à cette heure l'herbe profonde y noie le pied des arbres, d'un vert délicieux et apaisant dont mon âme a soif... Viens, toi qui l'ignores, viens que je te dise tout bas : le parfum des bois de mon pays égale la fraise et la rose ! Tu jurerais, quand les taillis de ronces y sont en fleurs, qu'un fruit mûrit on ne sait où, là-bas, ici, tout près, un fruit insaisissable, qu'on aspire en ouvrant les narines. Tu jurerais, quand l'automne pénètre et meurtrit les feuillages tombés, qu'une pomme trop mûre vient de choir, et tu la cherches, et tu la flaires, ici, là-bas, tout près.

Et si tu passais, en juin, entre les prairies fauchées, à l'heure où la lune ruisselle sur les meules rondes qui sont les dunes de mon pays, tu sentirais, à leur parfum, s'ouvrir ton cœur. Tu fermerais les yeux, avec cette fierté grave dont tu voiles ta volupté, et tu laisserais tomber ta tête, avec un muet soupir...

Claudine-Annie-Minne, Mme Colette, qui est à une étape essentielle de sa vie, ayant achevé un de ses modèles, songe maintenant à nous dévoiler un autre visage d'elle-même, dont la vie naîtra de ce qui était le meilleur dans l'âme des premières héroïnes et sans doute aussi dans le rêve secret de l'auteur : l'ambition d'être libre et de goûter en maîtresse de soi-même aux plaisirs et aux joies.

La simple juxtaposition de textes romancés et de confidences nous a permis de discerner l'émouvante vérité de l'affabulation. Il suffira maintenant de citations pour découvrir l'auteur dans ses textes car, n'ayant plus besoin d'imaginer une autre vie pour exalter la sienne, Mme Colette, avec la nouvelle autorité que lui conférait sa liberté conquise, a mis son talent déjà si sûr à se regarder vivre. Et si parfois sa plume s'attarde sur une facette d'elle-même, c'est que l'auteur, soumis au charme de la femme, éprouve le désir de fixer ces visages changeants.

Avant d'écrire La Vagabonde, Mitsou, L'Entrave, *Mme Colette avait déjà confié à ses bêtes favorites ses désirs secrets ; et Francis Jammes, dans la page qu'il consacra au* Dialogue des Bêtes, *avait parfaitement compris, avec la valeur artistique et originale du texte, l'âme de l'auteur.*

« Mme Colette est une femme vivante pour tout de bon qui a osé être naturelle. Mme Colette-Willy n'a jamais cessé d'être la femme bourgeoise par excellence... Mme Colette-Willy se lève aujourd'hui sur le monde des Lettres comme la poétesse — enfin — qui, du bout de sa bottine, envoie rouler du haut en bas du Parnasse toutes les muses fardées, laurées, cothurnées et lyrées qui, de Monselet à Renan, soulevèrent les désirs des classes de seconde et de rhétorique ».

L'étrange attirance qu'éprouve Mme Colette pour le monde animal touche la part la plus secrète et la plus délicate d'elle-même. C'est un des aspects les plus neufs et les plus convaincants du talent qui, dès cette époque, lui est reconnu.

COLETTE EN ROBE DE BAL,
peinture de Jacques-Émile Blanche.
Musée de Barcelone.

Connaissez-vous, dans
Barcelone,
La bourguignonne au sein
brun...
Colette

L'ouïe mentale que je tends vers la bête fonctionne encore. Les drames d'oiseaux dans l'air, les combats souterrains, le son haussé soudain d'un essaim guerroyant, le regard sans espoir des chevaux et des ânes, sont autant de messages à mon adresse... Je voudrais laisser un grand renom parmi les êtres qui, ayant gardé sur leur pelage, dans leur âme, la trace de mon passage, ont pu penser un seul moment que je leur appartenais.

La Naissance du Jour, nous apporte encore un autre témoignage :

M'émerveillerai-je jamais assez des bêtes ?

A fréquenter le chat — *écrit-elle dans* Les Vrilles de la Vigne — on ne risque que de s'enrichir. Serait-ce par calcul que depuis un demi-siècle, je cherche sa compagnie ?
A l'espèce chat, je suis redevable d'une certaine sorte, honorable, de dissimulation, d'un grand empire sur moi-même, d'une aversion caractérisée pour les sons brutaux et du besoin de me taire longuement.

Vingt portraits de bêtes, un python, une mouette, des chats, des chiens, des araignées, des singes, des papillons,... sont là pour dire la profondeur des investigations de Mme Colette dans le royaume enchanté des animaux.

LA VAGABONDE

Pour Mme Colette elle-même, La Vagabonde *dut témoigner de son affranchissement, — celui de la femme et celui de l'artiste.*

Forme concise, vocabulaire sans défaillance, fine psychologie, sens pictural affirmé, réalisme délicat : La Vagabonde *est un roman de grand style, dans le courant de l'évolution de l'auteur, qui atteint la maturité de son talent.*

Dans cette œuvre, les documents autobiographiques abondent. Nous faisons connaissance avec un nouveau modèle de Colette, beaucoup plus vrai que tous les autres, Renée Nérée, mariée à un portraitiste, Taillandy. Elle vient de divorcer... Seule, abandonnée de tous, elle se fait danseuse et mime.

Sur son passé, Mme Colette lui fait écrire :

J'ai devant moi, de l'autre côté du miroir, dans la mystérieuse chambre des reflets, l'image « d'une femme de lettres qui a mal tourné ». On dit aussi de moi « que je fais du théâtre », mais on ne m'appelle jamais actrice. Pourquoi ? Nuance subtile, refus poli, de la part du public et de mes amis eux-mêmes, de me donner un grade dans cette carrière que j'ai pourtant choisie...

... Huit ans de mariage, trois ans de séparation... Voilà qui remplit le tiers de mon existence...

Mon ex-mari ? vous le connaissez tous. C'est Adolphe Taillandy, le pastelliste. Depuis vingt ans, il fait le même portrait de femme... Je ne crois pas qu'Adolphe Taillandy ait du talent.

Je ne lui ai connu pour ma part d'autre génie que celui du mensonge. Aucune femme, aucune de ses femmes, n'a dû autant que moi apprécier, admirer, craindre et maudire sa fureur du mensonge. Adolphe Taillandy mentait avec fièvre, avec volupté, inlassablement, presque involontairement. Pour lui, l'adultère était une des formes — et non la plus délectable — du mensonge.

Je l'ai rencontré, épousé, j'ai vécu avec lui pendant plus de huit ans... que sais-je de lui ?

Je sais.... qu'il réalise quotidiennement ce prodige déconcertant d'être, pour celui-ci, un « bûcheur » qui ne songe qu'à son métier, pour celle-là, un ruffian séduisant et sans scrupule, pour celle-ci un paternel amant qui mêle à une toquade brève un joli ragoût d'inceste...

Il y a encore beaucoup d'autres Taillandy que je ne connaîtrai jamais ; sans parler de l'un des plus terribles, le Taillandy homme d'affaires, le Taillandy manieur et escamoteur d'argent, cynique et brutal, plat et fuyant selon les besoins de l'affaire.

Parmi tous ces hommes-là, où est le vrai ? Je déclare humblement que je n'en sais rien. Je crois qu'il n'y a pas de *vrai* Taillandy... Ce balzacien génie du mensonge, a cessé brusquement un jour de me désespérer, et même de m'intriguer. Il fut autrefois pour moi, une sorte de Machiavel épouvantable... ce n'était peut-être que Frégoli.

Mon Dieu, que j'étais jeune, et que je l'aimais cet homme-là ! et comme j'ai souffert !

... Personne ne comprit rien à notre séparation. Mais eût-on compris quelque chose avant, à ma patience, à ma longue, lâche et complète complaisance ?

Lors de notre divorce, on ne fut pas loin de me donner tous les torts pour innocenter le « beau Taillandy », coupable seulement de plaire et de trahir.

... La solitude... la liberté... mon travail plaisant et pénible de mime et de danseuse... les muscles heureux et las, le souci nouveau, et qui délasse de l'autre, de gagner moi-même mon repas, ma robe, mon loyer, voilà quel fut, tout de suite, mon lot, mais aussi la défiance sauvage, le dégoût du milieu où j'avais vécu et souffert, une stupide peur de l'homme, des hommes et des femmes aussi... et cette bizarrerie encore qui me vint très vite, de ne me sentir isolée, défendue de mes semblables, que sur la scène, la barrière de feu me gardant contre tous...

Mme Colette nous a conté dans Mes Apprentissages *certains moments de son existence qui ont vu naître* La Vagabonde. *Les détails manquent, mais il suffit de se reporter au roman pour trouver le « complément ».*

Si cela vous amusait de jouer sur un vrai théâtre, j'ai un autre acte en prose, me dit peu après M. Willy.

Ce serait d'autre part une occasion excellente de liquider cet appartement mortel, de trouver une combinaison plus adéquate à un genre d'existence différent - oh un peu différent... rien ne presse.

A ne pas m'y tromper, ce que j'entendais constituait un congé. Quand je rêvais d'évasion, à côté de moi, on méditait de me mettre commodément à la porte, à ma porte ? mais cette fois-ci, on ne réclamait pas ma complaisance.

... Une soirée... le cachet en ville...

Les revoir, *eux*... Eux, que j'ai quittés violemment, ceux qui m'appelaient Mme Renée, autrefois, avec affectation de ne me donner jamais le nom de mon mari... eux, - *elles !* Elles qui me trahissaient avec mon mari, eux qui me savaient trahie.

Mme Colette nous fait pénétrer dans le monde intime du music-hall à l'aide de fines observations qui, à l'époque, eurent un succès de révélation. L'envers du music-hall, qu'elle publia peu après, est un véritable document, écrit d'une plume incomparable.

Le silence qu'ils gardent sur leur vie intime ressemble à une manière polie de vous dire : « Le reste ne vous regarde pas ». Le blanc-gras ôté, le foulard et le chapeau remis, ils se séparent, disparaissent avec une promptitude où je veux discerner autant de fierté que de discrétion.

Les artistes de café-concert... ils sont mal connus, décriés et peu compris ! Chimériques, orgueilleux, pleins d'une foi absurde et surannée dans l'Art, eux seuls, eux, les derniers, osent encore déclarer avec une fièvre sacrée :

— Un *artiste* ne doit pas... un *artiste* ne peut accepter... un *artiste* ne consent pas.

COLETTE
WILLY

COLETTE AU MUSIC-HALL,

dans sa loge ... *et dans*

"l'Oiseau de nuit", à

Ba-Ta-Clan.

Ci-contre :
Colette dans « La chatte amoureuse »,
à Ba-Ta-Clan, et Colette dans sa loge.

VERS 1904-1905

Et peu à peu, le visage de Renée Nérée s'accuse.

Vivre seule, on s'en tire, on s'y fait : mais languir seule et fiévreuse, tousser dans la nuit interminable, atteindre, sur des jarrets défaillants, la fenêtre aux vitres battues de pluie, puis revenir à une couche froissée et molle, seule... seule, seule...

... Des sens ? Oui, j'en ai... des sens timides, routiniers, heureux de la caresse habituelle qui les comblait, craintifs de toutes recherches ou complications libertines.

... Je ne convoite pas, je ne regrette rien... jusqu'au prochain naufrage de ma confiance, jusqu'à la crise inévitable où je regarde avec terreur s'approcher la tristesse aux douces mains puissantes, guide et compagne de toutes les voluptés.

... Oh oui, oh oui, partir, repartir, oublier qui je suis et le nom de la ville qui m'abrita hier, penser à peine, ne refléter et retenir que le beau paysage qui tourne et change au flanc du train, l'étang plombé où le ciel bleu se mire vert, la flèche ajourée d'un clocher cerné d'hirondelles.

... Partir avant que l'amour ne l'ait à nouveau courbée sous son joug.

J'ai cédé, je l'avoue, j'ai cédé, en permettant à cet homme de revenir demain, au désir de conserver en lui, non un amoureux, non un ami, mais un avide spectateur de ma vie et de ma personne.

La liberté n'est vraiment éblouissante qu'au commencement de l'amour, du premier amour ; le jour où l'on peut dire en l'offrant à celui qu'on aime : « prenez ! je voudrais vous donner davantage... »

... Il est trop tard pour fuir, j'ai rencontré une fois de plus ma conseillère sans pitié, celle qui me parle de l'autre côté du miroir...

Tu n'y mettais pas tant de façons, lorsque l'amour tombant sur toi te trouva si folle et si brave ! tu ne t'es pas demandé ce jour-là *si c'était l'amour*. Tu ne pouvais t'y tromper : c'était lui, l'amour, *le premier amour*. C'était lui et ce ne sera plus jamais lui. Ta simplesse de petite fille n'a pas hésité à le reconnaître, et ne lui a marchandé ni ton corps, ni ton cœur enfantin. C'était lui, qui ne s'annonce point, qu'on ne choisit pas, qu'on ne discute pas. Et ce ne sera plus jamais lui ! Il t'a pris ce que tu peux donner seulement une fois : la confiance, l'étonnement religieux de la première caresse, la nouveauté de tes larmes, la fleur de la première souffrance... Aime, si tu peux ; cela te sera sans doute accordé, pour qu'au meilleur de ton pauvre bonheur, tu te souviennes encore que rien ne compte, en amour, hormis le premier amour, pour que tu subisses, à chaque instant, la punition de te souvenir, l'horreur de comparer !... Tu pâtiras de comprendre que rien n'est bon, qui n'est unique ! Il y a un Dieu qui dit au pécheur : « Tu ne me chercherais pas, si tu ne m'avais déjà trouvé... »

... Je ne suis plus assez jeune, ni assez enthousiaste, ni assez généreuse pour recommencer le mariage, la vie à deux, si vous voulez. Laissez-moi attendre, parée, oisive, seule dans ma chambre close, la venue de celui qui m'a choisie pour harem. Je voudrais ne savoir de lui que sa tendresse et son ardeur, je ne voudrais de l'amour, enfin, que l'amour...

... S'il veut, je lui nouerai sa cravate, et je veillerai au menu du dîner... et je lui apporterai ses pantoufles... Et il pourra me demander d'un ton de maître : « Où vas-tu ? » Femelle j'étais, et femelle je me retrouve, pour en souffrir et pour en jouir...

Mais Renée, dominée par l'amertume de ses souvenirs, évite — pour combien de temps ? — les pièges délicieux de la chair. La lutte est ardente et l'écrivain joue avec un immense talent de toutes les ressources du cœur et de l'expérience.

Il n'y a pas que la volupté ?... La volupté tient, dans le désert illimité de l'amour, une ardente et très petite place, si embrasée qu'on ne voit d'abord qu'elle : je ne suis pas une jeune fille toute neuve, pour m'aveugler sur son éclat. Autour de ce foyer inconstant, c'est l'inconnu, c'est le danger... Que sais-je de l'homme que j'aime et qui me veut ? Lorsque nous nous serons relevés d'une courte étreinte, ou même d'une longue nuit, il faudra commencer à vivre l'un près de l'autre, l'un par l'autre. Il cachera courageusement les premières déconvenues qui lui viendront de moi, et je tairai les miennes, par orgueil, par pudeur, par pitié, et surtout parce que je les aurai attendues, redoutées, *parce que je les reconnaîtrai...* Moi qui me contracte toute, à l'entendre me nommer « mon enfant chérie », moi qui tremble devant certains gestes de lui, devant certaines intonations ressuscitées, quelle armée de fantômes me guette derrière les rideaux d'une couche encore fermée ?...

... Comprends-moi ! Ce n'est pas le soupçon, ce n'est pas ta trahison future, ô mon amour, qui me ruine, c'est ma déchéance. Nous avons le même âge ; je ne suis plus une jeune femme... Comprends-moi ! Ta ferveur, qui me convaincra, qui me rassurera, ne me conduira-t-elle pas à l'imbécile sécurité des femmes aimées ? Une ingénue maniérée renaît, pour de brèves et périlleuses minutes, en l'amoureuse comblée, et se permet des jeux de fillette, qui font trembler sa chair lourde et savoureuse. J'ai frémi, devant l'inconscience d'une amie quadragénaire, qui coiffait, dévêtue et tout essoufflée d'amour, le képi de son amant, lieutenant de hussards...[1].

... L'oublier, comme si je n'avais jamais connu son regard ni la caresse de sa bouche... comme s'il n'y avait pas de soin plus impérieux, dans ma vie, que de chercher des mots, des mots pour dire combien le soleil est jaune, et bleue la mer, et brillant le sel en frange de jais blanc... Oui... comme s'il n'y avait d'urgent au monde que mon désir de posséder par les yeux les merveilles de la terre !

C'est à cette même heure qu'un esprit insidieux m'a soufflé :

« Et s'il n'y avait d'urgent, en effet, que cela ? Si tout, hormis cela, n'était que cendres ?... »

... Je te rejette et je choisis... tout ce qui n'est pas toi. Je t'ai déjà connu et je te reconnais. N'es-tu pas, en croyant donner, celui qui accapare ? Tu étais venu pour partager ma vie, partager oui : *prendre ta part !* Etre de moitié dans mes actes, t'introduire à chaque heure dans la pagode secrète de mes pensées, n'est-ce pas ? Pourquoi toi plutôt qu'un autre ? Je l'ai fermée à tous.

---

1. Trente-deux ans plus tard, sur ce thème, Madame Colette écrira une grande nouvelle, presque un roman : *Le Képi.*

MITSOU

Le livre qu'on lira sans doute avec le plus de satisfaction, ayant savouré La Vagabonde, *est* Mitsou.

Une curieuse anecdote rattachée à ce roman mérite d'être contée. Ce n'est un secret pour personne : Mme Colette travaille avec beaucoup d'application. Or il se trouve que Mitsou *a été écrit, ou du moins réécrit, en toute hâte et dans un temps record.*

Portant un jour à son éditeur, avec quelque retard, la seconde partie du manuscrit de ce livre, Mme Colette égara son texte dans le métro et dut recomposer de mémoire, en une nuit, la partie perdue. Ce qui explique sans doute que nombre de critiques aient découvert que Mitsou *parlait souvent comme Mme Colette et non comme* Mitsou *; ce qui explique aussi, peut-être, que Marcel Proust — dit la légende — pleurait en lisant les deux lettres qui terminent le roman et dont les arguments répondent curieusement à ceux de* la Vagabonde.

L'histoire est banale : Mitsou, *petite chanteuse de music-hall, découvre l'amour en la personne d'un beau lieutenant. Mais c'est la guerre, et le lieutenant repart. Mitsou lui écrit.*

Mon chéri, le difficile pour vous, c'était de ne pas être aimé de moi. Le presque impossible pour moi, c'est d'être aimé de vous... Tu me trouves bien humble ! Ne crois pas que je mendie. Si tu me réponds : « Adieu, Mitsou », je ne mourrai pas. J'ai un petit cœur assez dur pour qu'on le nourrisse avec un chagrin.

... En attendant je m'entête à espérer mieux que le chagrin que tu pourras me laisser. Tu m'as trouvée sur le bord
d'une scène où je chantais trois couplets, et je n'avais pas
dans la tête autant d'idées que de couplets. Ce qui t'a
plu en moi, c'est toi qui l'y as mis ; mais venu de toi ou
non, ça s'y est bien enraciné ! Au bout de quatre mois,
est-ce que tu n'étais pas ému de me voir grandir ? Le
dommage, c'est que, de te voir paraître en personne, ça
m'a fait rentrer tous mes bourgeons... N'empêche qu'une
femme qui a une obstination en amour, ça pousse vite ;
ça fleurit, ça sait prendre une tournure, une couleur, à
faire illusion aux plus délicats. Mon amour, je vais essayer
de devenir ton illusion.

L'ENTRAVE

La publication de L'Entrave *coïncide avec le mariage de Mme Colette, qui épouse Henri de Jouvenel. Et l'ana-lyse de ce livre prend un relief particulier si l'on tient compte de cet événement. Le personnage principal est le même que dans* La Vagabonde : *Renée Nérée. Mais, à la suite d'un héri-tage, elle a abandonné le music-hall, et nous la retrouvons à Nice. Ses compagnons de séjour sont Jean et May, deux jeunes amants, et leur commensal Masson. Jean abandonne May pour Renée, qui accepte de devenir sa maîtresse. Mais seulement cela ; la volupté suffit à sa joie. Une rupture révèle à Renée l'amour véritable qui occupe son cœur, et, dominant ses craintes et son orgueil, elle se laisse envahir par la passion, elle se livre humblement à l'amour.*

... S'il me reste, de mon enfance, un rare empire sur mes pleurs, j'ai gardé aussi le don de m'émouvoir, avec une intensité que le temps diminue à peine, à certaines heures, et non pas seulement celles qui rassemblent, en bouquet irrésistible, le son d'un orchestre parfait, un clair de lune qui se mire aux buis et aux lauriers luisants, et les odeurs d'une terre où couvent l'été et l'orage. Il y a des instants de faiblesse désœuvrée, où de brefs souvenirs optiques, très anciens, des contrastes de lumière et d'ombre suffisent à entr'ouvrir un cœur qui se sèvre d'aimer. Ainsi, la clarté rose et chaude d'une fenêtre illuminée au flanc d'une maison obscure, cette oblongue clarté prolongée au dehors sur une allée de sable, ou filtrée par des feuillages noirs, signifie particulièrement pour moi, amour, amour abrité, foyer, isolement précieux et permis...

Un baiser, et tout devient simple, savoureux, super-ficiel et d'une candeur un peu grossière.

... Nos corps, honnêtes, ont frémi, plié ensemble, et s'en souviendront au prochain contact, tandis que nos

âmes s'enfermeront encore dans le même déloyal et commode silence. Celui de Jean signifie : « Ne vous inquiétez
pas, il est question de volupté, de volupté, et encore de
volupté. Le reste, gardons-nous de l'échanger. » Et le
mien lui répond :
« Il y a donc un *reste* ? je n'y songeais même pas. Mais
soyez tranquille, ce n'est pas vous qui m'en ferez souvenir».

... Que c'est doux, l'instant de se perdre assez pour
penser : « Me voici délivrée du souci de penser. Baise-moi,
bouche pour qui je ne suis que bouche. » Mais cette bouche
est celle d'un ennemi que le baiser rend sauvage, qui me
sait réduite, et ne m'épargnera rien.

... Il ignore que je suis bonne, aimante, que j'ai l'étoffe
d'un ami sûr. Je le gratifie des défauts qui font le succès
d'une certaine espèce d'hommes : la duplicité, l'absence
de scrupules, la paresse ; mais c'est moi seule qui les
lui inflige, comme une parure d'un goût douteux qui
siérait à sa figure un peu brutale...
L'erreur profonde, c'est, je crois, que je n'ai pas encore
essayé d'isoler Jean de l'idée de volupté. Rassasiée, l'idée
de volupté porte avec elle la froideur et l'indifférence.
Affamée, elle ne veut rien d'autre que ce qui la sustente.

... Quelque chose a passé entre nous, qui a empoisonné
tout cela, l'amour, ou seulement l'ombre longue qui marche
en avant de lui ?... Déjà tu as cessé de m'être lumineux
et vide...
J'ai mesuré tout le danger, le jour où j'ai commencé
de mépriser ce que tu me donnais : un joyeux et facile
plaisir qui me laissait ingrate et légère, un plaisir un peu
féroce comme la faim et la soif, innocent comme elles...
un jour, je me suis mise à penser à tout ce que tu ne me
donnais pas : j'entrais dans l'ombre froide qui chemine
devant l'amour.

Je suis... est-ce jalouse qu'il faut dire ? jalouse, ulcérée
d'un mot de Jean, un mot terrible qu'il a dit en hésitant,
comme s'il l'épelait :
— « J'ai peur que nous n'ayons pas assez besoin l'un
de l'autre... »
... S'il n'a pas *assez besoin de moi*, qu'ai-je fait jusqu'ici

et qu'ai-je à faire auprès de lui ? Il m'est plus nécessaire que l'air et l'eau, je le préfère aux fragiles biens qu'une femme nomme sa dignité, l'estime de soi. Seul, il se dresse seul devant moi, sur le champ ravagé de mes souvenirs, entre moi et les courtes vagues de cette mer couleur d'absinthe. Son dernier amour, et le visage qu'il baisa avant le mien, j'oublie cela, je le repousse avec une négligente impatience. Seul je le contemple, je le maudis seul, je suis jalouse de lui, de lui seul.

... Il y a un but, qui est là devant moi : c'est cet homme qui ne me désire pas, et que j'aime. L'atteindre, trembler qu'il ne m'échappe, le voir s'échapper, et patiemment l'approcher de nouveau pour le reprendre, voilà désormais mon métier, ma mission. Tout ce que j'aimais avant lui me sera alors rendu, — la lumière, la musique, le murmure des arbres, le timide et fervent appel des bêtes familières, le silence fier des hommes qui souffrent, — tout cela me sera rendu, mais *à travers lui*, et pourvu que je le possède... Je l'ai vu si près de moi, si bien accolé à moi dès la première rencontre, que j'ai cru que je le possédais. J'ai voulu, follement, le franchir, prenant pour un obstacle la limite de mon univers... Je crois que beaucoup de femmes errent d'abord comme moi, avant de reprendre leur place, qui est *en deçà* de l'homme... »

De même que certains traits de Renée de La Vagabonde *préfigurent Renée de* L'Entrave, *son humilité annonce Léa de* Chéri, *un personnage qui appartient encore à une autre saison de l'amour.*

Sur son second mariage, Mme Colette, dans La Naissance du jour, *nous apporte un témoignage plein de sens, sous la forme d'un dialogue avec* Sido. *Cette page complète heureusement et achève le roman de* L'Entrave.

— Tu y tiens donc beaucoup à ce monsieur X... ?
— Mais, maman, je l'aime !
— Oui... Oui... tu l'aimes... C'est entendu, tu l'aimes...
Elle réfléchissait encore, taisant avec effort ce que lui dictait sa cruauté céleste, puis s'écriait de nouveau :

— Ah ! je ne suis pas contente !

Je faisais la modeste, je baissais les yeux pour enfermer l'image d'un bel homme, intelligent, envié, tout éclairé d'avenir, et je répliquais doucement :

— Tu es difficile...

— Non, je ne suis pas contente... J'aimais mieux, tiens, l'autre, ce garçon que tu mets à présent plus bas que terre...

— Oh ! maman !... un imbécile !

— Oui, oui, un imbécile... Justement...

... Que tu écrirais de belles choses, Minet-Chéri, avec l'imbécile... L'autre, tu vas t'occuper de lui donner tout ce que tu portes en toi de plus précieux. Et vois-tu, pour comble, qu'il te rende malheureuse ? C'est le plus probable...

— Cassandre !

— Oui, oui, Cassandre... Et si je disais tout ce que je prévois... Heureusement, tu n'es pas trop en danger...

Je ne la comprenais pas alors... Je comprends à présent son « tu n'es pas en danger », mot ambigu qui ne visait pas seulement mes risques de calamités. A son sens, j'avais passé déjà ce qu'elle nomma « le pire dans la vie d'une femme : *le premier homme* ». On ne meurt que de celui-là, après lequel la vie conjugale — ou sa contrefaçon — devient une carrière. Une carrière, parfois une bureaucratie, dont rien ne nous distrait, ni ne nous relève...

Mme Colette journaliste, mérite un commentaire spécial. C'est en effet un moment de son style que cette époque de sa vie et, sans aucun doute, un moment important dans l'évolution des sens et des sentiments, avant l'accès de l'écrivain à cette liberté d'allure, à ce délicat et profond réalisme que nous lui connaissons maintenant. De cette époque nous retiendrons trois ouvrages : Les heures longues, Dans la foule, Aventures quotidiennes. Le premier présente de véritables documents humains sur la guerre.

« C'était la guerre ; dans Saint-Malo où nous courions chercher des nouvelles, un coup de tonnerre entrait en même temps que nous : la Mobilisation Générale.

Comment oublierais-je cette heure-là ? Quatre heures, un beau jour voilé d'été marin, les remparts dorés de la

COLETTE ET...

... « Toby-chien », 1906.

vieille ville debout devant une mer verte sur la plage, bleue à l'horizon, — les enfants en maillots rouges quittent le sable pour le goûter et remontent les rues étranglées... Et du milieu de la cité, tous les vacarmes jaillissent à la fois : le tocsin, le tambour, les cris de la foule, les pleurs des enfants... On se presse autour de l'appariteur au tambour, qui lit ; on n'écoute pas ce qu'il lit parce qu'on le sait. Des femmes quittent les groupes en courant, s'arrêtent comme frappées puis courent de nouveau, avec un air d'avoir dépassé une limite invisible et de s'élancer de l'autre côté de la vie. Certaines pleurent brusquement, et brusquement s'interrompent de pleurer pour réfléchir, la bouche stupide. Des adolescents pâlissent et regardent devant eux en somnambules. L'automobile qui nous porte s'arrête, étroitement insérée dans la foule qui se fige contre ses roues. Des gens l'escaladent, pour mieux voir et entendre, redescendent sans nous avoir même remarqués, comme s'ils avaient grimpé sur un mur ou sur un arbre ; dans quelques jours, qui saura si ceci est tien ou mien ?... Les détails de cette heure me sont pénibles et nécessaires comme ceux d'un rêve que je voudrais ensemble quitter et poursuivre avidement. »

Dans la foule *est un recueil d'impressions, au gré des événements des années* 1912-13-14.

A la Chambre des Députés :

Je songe, penchée sur cette cuve, aux *solfatares*, près de Naples. Cela bout ici, fermente à peine là ; il y a des zones inertes, que l'ébullition n'a pas gagnées, qu'elle ne gagnera jamais. Un coin crépitant frémit, sursaute, comme ces places de la *solfatare*, où le sable, bouillant à sec, danse en grains irrités.

La lumière, tombant de très haut, ne fait grâce à aucun visage : marqués de deux orbites d'ombre, pommettes et front osseux, ils sont entre eux ressemblants et divers comme ils le seront plus tard sous la terre.

Un orateur : Aristide Briand :

Il n'a eu qu'à se lever, à dresser sa longue taille et sa tête élargie depuis peu, dont les joues se sont alourdies et affermies : le silence s'est répandu, et les premiers mots de sa voix, basse, modérée, habile, d'un agrément musical, parviennent jusqu'au fond des tribunes.

Le prophète : Jaurès :

Celui-ci est le *vomitor* de la parole. Comme l'eau au *vomitor* de pierre de la fontaine bruxelloise, la parole, qui ne lui coûte aucun effort, semble arrachée de lui par une convulsion. Il parle avec sa tête, ses épaules, son coffre, ses poings, son dos d'ancien coltineur. Il sort de lui un son terrible, qui effarouche le sommeil. Sa voix roule comme un char cahoté, et rencontre tout sur son chemin : le cliché, la bourde, le racontar, même l'heureuse période, équilibrée, sonore, solide, qu'il bouscule pour courir plus loin et trouver mieux ou pis.

Les femmes au Congrès :

Il n'y en a pas une qui cède la place. La faim ni la soif, ni aucune obligation du pauvre corps humain, ne feront qu'elles bougent. Elles s'animent, pronostiquent, crayonnent des chiffres ; une rusée, au premier rang, déchiffre du bout de la lorgnette les pointages, en bas, des députés, et les lit à voix haute...

Elles ne font rien, et elles n'ont pas l'air oisif. Un long dressage semble leur avoir appris à remplacer l'action par la vivacité, et la pensée par la conversation. Un nom connu leur tient lieu d'une anecdote ; elle se passionnent un instant, pour un visage célèbre, comme devant le rideau qui cache un spectacle...

A Tours :

En regardant Houssard accusé d'avoir tué et Mme Guillotin accusée d'avoir aimé.

« Que c'est solide, une femme ! »

... Irritable, intelligente, Mme Guillotin ne prend pas

toujours la peine de maîtriser sa colère. Elle jette des « Non, non ! » impérieux. Il lui échappe un frappement de pied qui sied à sa figure embrasée, à son front junonien, un peu bestial. Il semble que tout excès d'expression embellisse cette face colorée où tout s'anime dès que la bouche parle : narines avides, joues attendries de larmes, sourcils enclins à se joindre.

Elle fut coquette, à coup sûr, et orgueilleuse d'elle-même, heureuse d'inspirer l'amour. C'est avec une complaisance peu dissimulée qu'elle répète : « Mon mari m'aimait passionnément », « il ne voyait que moi ».

Aventures quotidiennes *nous permet de saisir la grâce et la vérité du style le plus pur de Mme Colette. Les menues circonstances de la vie, les animaux, les plantes... : avec un égal bonheur, l'écrivain décrit l'univers de son existence quotidienne. Nous trouvons aussi et surtout la révélation de Colette maman.*

Le principe de l'internat est probablement monstrueux. Mais son application semble désormais inévitable. Car il importe, dans des cas trop nombreux, d'enlever l'enfant à ce qu'une sensiblerie ignorante nomme encore « la chaude et paisible atmosphère du foyer », au vrai la couveuse rétrécie qui rapproche les coudes et les fronts de deux ou trois générations, l'une de l'autre issues, l'une de l'autre souvent ennemies.

Quoi que nous en pensions, nos enfants ne changent guère mais nous nous appliquons à diminuer devant eux. Une naïveté, une veulerie d'adultes prônent le père-copain et la maman-camarade, innovation bonne à fabriquer le fils juge et la fille rivale.

« Foin de la promiscuité corruptrice des internats ! » Je dis comme vous, honnêtes réformateurs. Mais je ne suis pas sûre que des chuchotements dans un coin d'étude, des journaux ou des livres glissés de pupitre à pupitre, blettissent et tachent le précieux fruit plus que ce que lui enseignent, chez vous, une querelle conjugale, une conversation à mots couverts, la négligente liberté de vos mœurs, le spectacle enfin de votre existence de braves gens, épiée par deux grands yeux impénétrables, par deux petites oreilles qui frémissent de ce qu'elles entendent, et qui retiennent le son d'un mot insultant, d'une servile prière ou d'une porte qui claque.

... Fatigué de sa propre croissance, notre enfant doit pourtant payer la même somme de travail toute l'année, canicule et gel n'y changent presque rien. La dure, l'insouciante règle, que celle qui assoupit une fillette de treize ans, un garçon du même âge, devant un cahier, par trente degrés, à l'heure où se taisent les oiseaux et où le store bleu cesse de battre la vitre ! Quel homme fait, quel vieillard a oublié certaine température de baccalauréat en été, ou de brevet ? Mais, réfugiés dans un âge que la fantaisie universitaire n'atteint plus, nous assistons aux prodiges de résistance que réalise notre progéniture ; au besoin nous l'admirons, en feuilletant des manuels et des cahiers d'écoliers... Il serait temps qu'on n'abusât plus d'une ductilité cérébrale qui n'est pas sans limites, et que met en péril, plus que l'effort prolongé, l'effort stérile.

... Enfants !... Quand il s'agit de vous, nous ne pouvons qu'errer, indécis, et procéder par tâtonnements. D'où vient que nous perdons, à vous mettre au monde, une sagacité du souvenir qui nous donnerait de lire en vous ? Nous la perdons sans retour par oblitération totale ; nous la perdons comme le sens du vol qui nous revient en songe, comme le sens de la natation quitte, peu d'heures après sa naissance, le nouveau-né. Le hasard permet, mieux que notre discernement, de rejoindre, de comprendre les enfants, alors ils sont notre conquête éphémère. Une douce patience a raison d'eux, mais pas plus que le coup de force. La brutalité de certains parents pourtant nous écœure, mais nous ne songeons pas, dans le moment, que cette brutalité verbale, la rigueur sentimentale qui l'accompagne, ne sont ni plus ni moins infructueuses qu'une stratégie séductrice. Voilà des mots bien gros d'antagonisme... Hélas ! il faut combattre ce qu'on aime, en amour comme en maternité.

Dans La Maison de Claudine, *Mme Colette a consacré à Bel-Gazou, sa fille, des pages où transparaît le délicat sentiment de la mère pour l'enfant.*

L'an prochain, Bel-Gazou aura plus de neuf ans. Elle ne proclamera plus, inspirée, ces vérités qui confondent ses éducateurs. Chaque jour l'éloigne de sa première vie, pleine, sagace, à toute heure défiante, et qui dédaigne de si haut l'expérience, les bons avis, la routinière sagesse. L'an prochain, elle reviendra au sable qui la dore, au beurre salé et au cidre mousseux. Elle retrouvera son chaume dépenaillé, et ses pieds citadins chausseront ici leur semelle de corne naturelle, lentement épaissie sur le silex et les sillons tondus. Mais peut-être ne retrouvera-t-elle pas sa subtilité d'enfant, et la supériorité de ses sens qui savent goûter un parfum sur la langue, palper une couleur et voir — « fine comme un cheveu, fine comme une herbe » — la ligne d'un chant imaginaire...

Mme Colette journaliste nous livre aussi un aspect étincelant de son talent dans ses critiques de théâtre. Ses œuvres complètes rassemblent sous le titre La jumelle noire *ces prestigieuses chroniques dont quelques extraits ne suffiront pas à faire apprécier la saveur.*

La pièce de Bourdet, « Les Temps difficiles », fut une de ses grandes émotions de théâtre :

Si j'étais Ed. Bourdet, j'aurais peur. Peur de ne plus pouvoir écrire une pièce qui égale... Mais Ed. Bourdet est jeune, et n'a pas sujet d'être timide devant la réussite. En outre, il est doué d'une vocation patiente et tranquille pour tous les risques, d'une audace qui ne se détourne d'aucune pathologie... Le dialogue théâtral est magistral. Jamais l'art dramatique ne s'est manifesté par un langage moins apprêté, jamais une oreille plus juste que la sienne n'enregistra, au profit d'une symphonie parlée, les sons qui devaient nous être transmis.

... Il faut que la nécessité de « finir » soit un besoin théâtral bien impérieux, puisque Ed. Bourdet lui-même ne s'en libère plus. Et c'est sans doute parce que je serais un piètre auteur dramatique que je tends vers la pièce inachevée...

La machine infernale de Jean Cocteau lui fournit l'occasion d'une présentation magistrale du poète :

Bénéficiant d'un privilège unique, Jean Cocteau a gardé ce que nous avons tous perdu : la fantasmagorie intime. Il ne connaît ni domaines interdits, ni routes brouillées, ni seuils effacés. L'ourlet de feu qui cernait, comme un nuage prometteur de foudre, les prodiges familiers du jeune âge, ne s'est pas encore éteint pour J. Cocteau. Il sait sérieusement que l'enfer est d'un certain violet, que passer de la vie terrestre à la mort, c'est peser mollement sur le tain en fusion d'un miroir indicible... De telles certitudes le débarrassent souvent de son intelligence aiguë, qui est d'une rapidité magique, propre à déconcerter lecteurs, auditeurs, et le replacent en plein songe, en plein essor immobile.

J'aurais plus tôt fait de dire tout uniment que Cocteau est un poète. Les hardiesses de J. Cocteau datent d'avant la vie terrestre. Il n'invente pas, mais se souvient... il appartient à la grande tradition, à cela près qu'il fréquente, sur un même pied d'égalité, morts et vivants, fantômes et dieux. Par là seulement il s'écarte du théâtre classique français, qui est un théâtre réaliste. Le théâtre français fait peu de cas du surnaturel, encore moins d'un mélange de réel et d'irréel dont se délecte le théâtre anglais.

Un jeu aussi savant le détourne d'un sujet neuf. A quoi bon édifier une intrigue, la conduire, voilée, jusqu'à l'éclat du dénouement ? Cocteau s'en prend — ce n'est pas la première fois — à un sujet connu de tous, qu'il traite avec une irrévérence apparente.

L'inconnaissable de J. Cocteau n'est au fond que le monde connu, écouté, contemplé, élargi par des sens fins et tendus...

Pour Sacha Guitry, Colette a une attention particulière.

Créer entre la salle et la scène, entre interprète et public, une atmosphère de connivence, voilà à quoi excelle Sacha Guitry. Peu d'auteurs dramatiques sont en possession de le faire. Le secret s'en perd-il depuis Labiche, depuis Meilhac ? J'écoutais avec soin les deux nouvelles *(Un tour au paradis, Le renard et la grenouille)* pièces de la Michodière.

Une fois de plus, je me convainquais que l'état de connivence ne se confond plus avec le plaisir, il peut aussi
exister sans lui, il ne saurait dépendre de lui ! Il est fonction d'un phénomène précis et d'une magie personnelle,
sympathique en l'espèce, mais non pas nécessairement
sympathique... Le public de Sacha ne se révolte pas. Son
acquiescement total, l'auteur dramatique l'achète par un
art réfléchi et léger, par l'exhibition aussi d'une humanité
humble et infatuée... Quand il s'empare du rôle principal,
c'en est fait de nous, et nous devenons des acharnés
partisans ! Sa voix, son jeu, son « don dangereux de per-
suader » y suffisent grandement... il appartient au théâtre
non seulement par sa lignée, mais par une prédestination
si vigoureuse, qu'elle décolore une part de sa vie, la part
que le travail, la frivolité et les voyages — voyages de
théâtre à théâtre bien entendu — disputent à la scène.

... Dans la précision comme dans la nonchalance, je
retrouvais le goût que M. Sacha Guitry eut autrefois
pour la danse, félicité mathématique, défi porté par notre
corps à notre corps lui-même. La prestigieuse manière
de passer de l'immobilité au mouvement, de modifier pendant sa trajectoire le style et l'expression d'un geste, l'art
de faire coïncider un geste à son apogée et le mot culminant
d'une phrase, voilà qui appartient au jongleur chorégraphe,
tout autant qu'au comédien. Mais il n'y a pas d'école qui
l'enseigne. Écouter, regarder jouer S. Guitry, c'est,
Dieu merci, un luxe, et un plaisir totalement désintéressé.

*Peut-être Mme Colette a-t-elle résumé ses impressions de
théâtre dans ce passage :*

Pour moi, une soirée est une tranche de temps pleine
encore d'espoirs, de possibilités merveilleuses. C'est
trois heures, quatre heures, des centaines de minutes,
un sable précieux... Bonne ou exécrable, je l'accueille,
pourvu qu'elle apporte, emporte son poids, son volume,
sa saveur. L'ennui a du moins son amertume, et me la
laisse aux lèvres. Mais qu'est-ce qu'une soirée théâtrale
qui libère à minuit une foule incertaine, point courroucée
d'avoir sondé le mou, le prévu, le facile, gorgée de lieux
communs, d'aphorismes douceâtres et de quelle désinvolture, et de quelle légèreté...

Après sa maternité, Mme Colette nous a donné une suite d'ouvrages qui constituent sans nul doute ses plus grands romans. Le souffle identique qui les anime permettrait certainement à un anthologiste soucieux de classification, de baptiser cette série d'un titre : les saisons de l'amour.

Le Blé en herbe - Chéri - La fin de Chéri - La naissance du jour - le Képi - La Chatte - La seconde - Duo - Julie de Carneilhan..., *dans tous ces romans, le thème est le même. Les héros passent à côté du grand amour dont ils rêvaient. Le drame commence à seize ans, mais il est le même pour l'âge mûr. De Vinca du* Blé en herbe *à Léa de* Chéri, *que ce soit par le don de soi ou l'oubli de soi, la formule de l'échec ne varie guère, et nous révèle que dans le monde de Mme Colette, l'amour, c'est « un peu de douleur, un peu de plaisir », beaucoup de sagesse. Et ceux pour lesquels c'est quelque chose de plus pur, de plus grand, de plus absolu, sont condamnés. Chéri, et Michel (de* Duo), *se tuent. Alain (de* La Chatte) *se retranche du monde normal pour avoir voulu servir sa chimère... Il faut être Julie de Carneilhan pour savoir commander ses rêves, ses désirs, vivre de ses caprices en sachant toujours se garder.*

VERS 1910

LE BLÉ EN HERBE

« *L'amour-passion n'a pas d'âge et l'amour n'a pas deux espèce de langage* ». *Tel est le thème traité par Mme Colette dans* Le Blé en herbe.

Chaque saison sur une plage de Bretagne, deux bons camarades se retrouvent : la petite Vinca et Phil. Mais ils viennent d'avoir quinze ans cette année-là. Et Daphnis et Chloé se tournent « parfois plaintivement vers la porte invisible par où ils sont sortis de leur enfance », et le dialogue s'engage entre eux, désormais soumis aux dures lois des sens et de l'amour.

Toute leur enfance les a unis, l'adolescence les sépare. L'an passé, déjà, ils échangeaient des répliques aigres, des horions sournois ; maintenant le silence, à tout moment, tombe entre eux si lourdement qu'ils préfèrent une bouderie à l'effort de la conversation. Mais Philippe, subtil, né pour la chasse et la tromperie, habille de mystère son mutisme, et s'arme de tout ce qui le gêne. Il ébauche des gestes désabusés, risque des « A quoi bon ?... Tu ne peux pas comprendre... », tandis que Vinca ne sait que se taire, souffrir de ce qu'elle tait, de ce qu'elle voudrait apprendre, et se raidir contre le précoce, l'impérieux instinct de tout donner, contre la crainte que Philippe, de jour en jour changé, d'heure en heure plus fort, ne rompe la frêle amarre qui le ramène, tous les ans, de juillet en octobre, au bois touffu incliné sur la mer, aux rochers chevelus de fucus noir. Déjà il a une manière funeste de regarder son amie fixement, sans la voir, comme si Vinca était transparente, fluide, négligeable...

— Patienter ! Vous n'avez que ce mot-là à la bouche, tous ! Toi, mon père, mes « prof's »... Ah ! bon Dieu...

Vinca cessa de coudre, pour admirer son compagnon

harmonieux que l'adolescence ne déformait pas. Brun, blanc, de moyenne taille, il croissait lentement et ressemblait, depuis l'âge de quatorze ans, à un petit homme bien fait, un peu plus grand chaque année.

— Et que faire d'autre, Phil ? Il faut bien. Tu crois toujours que de tendre tes deux bras et de jurer : « Ah ! bon Dieu », ça y changera quelque chose. Tu ne seras pas plus malin que les autres. Tu te représenteras à ton bachot et, si tu as de la chance, tu seras reçu...

— Tais-toi ! cria-t-il. Tu parles comme ma mère !

— Et toi comme un enfant ! Qu'est-ce que tu espères donc, mon pauvre petit, avec ton impatience ?

Les yeux noirs de Philippe la haïssaient, parce qu'elle l'avait appelé « mon pauvre petit ».

— Je n'espère rien ! dit-il tragiquement. Je n'espère surtout pas que tu me comprennes ! Tu es là, avec ton feston rose, ta rentrée, ton cours, ton petit train-train... Moi, rien que l'idée que j'ai seize ans et demi bientôt...

... Il rayonnait d'intolérance et d'une sorte de désespoir traditionnel. La hâte de vieillir, le mépris d'un temps où le corps et l'âme fleurissent, changeaient en héros romantique cet enfant d'un petit industriel parisien. Il tomba assis aux pieds de Vinca et continua de se lamenter :

— Tant d'années encore, Vinca, pendant lesquelles je ne serai qu'à peu près homme, à peu près libre, à peu près amoureux !

... Il s'aperçut alors que Vinca glissait de son épaule. D'un mouvement doux, insensible, volontaire, elle glissait, les yeux fermés, sur la pente du plateau de rochers, si étroit que les pieds de Vinca ballaient déjà dans le vide... Il comprit et ne trembla pas. Il pesa l'opportunité de ce que tentait son amie, et resserra son bras autour des reins de Vinca, pour ne se point délier d'elle. Il éprouva, en le serrant contre lui, la réalité bien vivante, élastique, la vigoureuse perfection de ce corps de jeune fille prêt à lui obéir dans la vie, prêt à l'entraîner dans la mort...

« Mourir ? A quoi bon ?... Pas encore. Faut-il partir pour l'autre monde sans avoir véritablement possédé tout cela, qui naquit pour moi ? »

Sur ce roc incliné, il rêva de possession comme en peut rêver un adolescent timide, mais aussi comme un homme exigeant, un héritier âprement résolu à jouir des biens que lui destinent le temps et les lois humaines. Il fut, pour la première fois, seul à décider du sort de leur couple, maître de l'abandonner au flot ou de l'agripper à la saillie du rocher, comme la graine têtue qui, nourrie de peu, y fleurissait...

Il hissa, resserrant ses bras en ceinture, le gracieux corps qui se faisait lourd, et éveilla son amie d'un appel bref :

— Vinca ! Allons !

Elle le contempla debout, au-dessus d'elle, le vit résolu, impatient, et comprit que l'heure de mourir était passée. Elle retrouva, avec un ravissement indigné, le rayon du couchant dans les yeux noirs de Philippe, ses cheveux désordonnés, sa bouche et l'ombre, en forme d'ailes, que dessinait sur sa lèvre un duvet viril, et elle cria :

— Tu ne m'aimes pas assez, Phil, tu ne m'aimes pas assez !

Phil rencontre la « dame en blanc » et avec elle le plaisir d'aimer. Le premier tournant de son destin d'homme. Mais Vinca a deviné sa rivale...

Elle s'était appuyée sur ses deux mains ouvertes, presque à quatre pattes, comme un animal. Il la vit soudain effrénée, empourprée de courroux. Ses deux panneaux de cheveux tendaient à se rejoindre sur sa figure penchée, et ne laissaient place qu'à sa bouche rouge et sèche, à son nez court élargi par un souffle coléreux, à ses deux yeux d'un bleu de flamme.

— Tais-toi, Phil ! Tais-toi ! Je te ferais du mal ! Tu te plains, tu parles de ta peine, toi qui m'as trompée, toi le menteur, le menteur, toi qui m'as délaissée pour une autre femme ! Tu n'as ni honte, ni bon sens, ni pitié ! Tu ne m'as amenée ici que pour me raconter, à moi, ce que tu as fait avec l'autre femme ! Dis le contraire ? Hein, dis ?

... Elle le frappa soudain au visage d'un poing si imprévu et si garçonnier qu'il faillit tomber sur elle et se battre de bon cœur.

... « Je n'ai donc jamais su ce qu'elle pensait ? » songea Philippe. « Toutes ses paroles sont aussi surprenantes que cette force que je lui ai vue souvent, quand elle nage, quand elle saute, quand elle lance des cailloux... »

— Je ne t'a pas battue, Vinca. Tes paroles le méritaient plus que ton geste. Mais je n'ai pas voulu te battre. Ç'aurait été la première fois que je me serais laissé aller à...

— Naturellement, interrompit-elle d'une voix enrouée. Tu en battras une autre avant moi. Moi, je ne serai la première en rien !

Vinca, cependant, va se donner à Philippe.

Il entendait son souffle trembler dans sa voix, et il tremblait aussi. Il retournait sans cesse à ce qu'il connaissait le moins d'elle, sa bouche. Il résolut, pendant qu'ils reprenaient haleine, de se relever d'un bond et de regagner la maison en courant. Mais il fut saisi, en s'écartant de Vinca, d'une crise de dénuement physique, d'une horreur de l'air frais et des bras vides, et il revint à elle, avec un élan qu'elle imita et qui mêla leurs genoux. Il trouva alors la force de la nommer « Vinca chérie » avec un accent humble qui la suppliait en même temps de favoriser et d'oublier ce qu'il essayait d'obtenir d'elle. Elle comprit, et ne manifesta plus qu'un mutisme exaspéré, peut-être excédé, une hâte où elle se meurtrit elle-même. Il entendit la courte plainte révoltée, perçut la ruade involontaire, mais le corps qu'il offensait ne se déroba pas, et refusa toute clémence.

Phil médite sur sa nouvelle condition.

Il n'imaginait pas qu'un plaisir mal donné, ınal reçu est une œuvre perfectible. La noblesse du jeune âge l'entraînait seulement au sauvetage de ce qu'il fallait ne pas laisser périr : quinze années de vie enchantée, de tendresse unique, leurs quinze années de jumeaux amoureux et purs.

« Je lui dirai : Tu penses bien que notre amour, l'amour de Phil-et-Vinca, aboutit ailleurs que là, là, cette couche de sarrasin battu, hérissé de fétus. Il aboutit ailleurs qu'au lit de ta chambre ou de la mienne. C'est évident, c'est sûr. Crois-moi ! Puisqu'une femme que je ne connais pas m'a donné cette joie si grave, dont je palpite encore, loin d'elle, comme le cœur de l'anguille arraché vivant à l'anguille, que ne fera pas, pour nous, notre amour ? C'est évident, c'est sûr... Mais si je me trompais, il ne faut pas que tu saches que je me trompe... »

CHÉRI

Dans Le Blé en Herbe, *Phil avait été initié à l'amour par la « dame en blanc », personnage resté dans l'ombre et que* Chéri *met crûment en lumière à une gamme supérieure. Mais* Chéri, *peut-être le chef-d'œuvre de Mme Colette, est beaucoup plus qu'une histoire de gigolo aimé d'une femme mûre.*

L'écrivain nous conte ainsi sa naissance, en préface à l'une des dernières éditions de Chéri :

Chéri ? C'était d'abord un petit type rouquin, un peu déjeté d'une épaule, les cils roses, l'œil droit faible, et qui reniflait un coryza chronique. Avec son air d'enfant de pauvre, il remuait quinze cent mille francs d'argent de poche. Dans tous les endroits où Paris attendait en buvant, il y a un quart de siècle, que l'aube collât derrière les vitres un tain bleuâtre et triste, il se laissait remorquer par une maîtresse brune, dure et brillante comme l'anthracite, qui le trompait. J'ajoute que Chéri, dans ce temps-là, s'appelait Clouk, à cause d'un petit bruit de clapet, insupportable, qu'à chaque aspiration on entendait dans sa narine enrhumée. Je pense qu'il souffrait d'un polype...

Ainsi naquit la première forme humiliée de Chéri, un jour que j'avais grand besoin de lui pour mes contes hebdomadaires dans *Le Matin*. Il avoua sa poltronnerie et son horreur morbide de la solitude ; il subit l'humeur de sa minérale maîtresse, et ses amis le tapèrent.

Mais un jour qu'il soupait tête à tête avec sa compagne étincelante de jais, de traits féroces, de réquisitions, de diamants, d'impitoyables prunelles, il aperçut, à une table voisine, quatre dames mûres. Sans aucun homme, elles buvaient du champagne demi-sec, mangeaient des écre-

vers 1918-1919

PORTRAIT PAR VERTÈS

visses, du foie gras, des entremets sucrés, riaient et parlaient de leur passé. Clouk entrevit sa destinée, qui était de mourir pour renaître aimé, c'est-à-dire beau.

Lâchement, et tel que si je l'eusse abreuvé d'un puissant narcotique du Sud, Clouk perdit conscience et couleur, s'abîma dans le néant et s'éveilla entre les bras de Léa, qui l'appelait « Chéri ! »

Fils de Mme Peloux, riche demi-mondaine, Chéri s'éprend d'une vieille amie de sa mère, sa marraine, Léa, dont il est le dernier et grand amour.

A quarante-neuf ans, Léonie Vallon, dite Léa de Lonval, finissait une carrière heureuse de courtisane bien rentée, et de bonne fille à qui la vie a épargné les catastrophes flatteuses et les nobles chagrins. Elle cachait la date de sa naissance ; mais elle avouait volontiers, en laissant tomber sur Chéri un regard de condescendance voluptueuse, qu'elle atteignait l'âge de s'accorder quelques petites douceurs. Elle aimait l'ordre, le beau linge, les vins mûris, la cuisine réfléchie.

... Elle vint à lui pour l'embrasser, avec un élan de rancune et d'égoïsme et des pensées de châtiment : « Attends, va... C'est joliment vrai que tu as une bonne bouche, cette fois-ci, je vais en prendre mon content, parce que j'en ai envie, et je te laisserai, tant pis, je m'en moque, je viens... »

Elle l'embrassa si bien qu'ils se délièrent ivres, assourdis, essouflés, tremblants comme s'ils venaient de se battre... Elle se remit debout devant lui qui n'avait pas bougé, qui gisait toujours au fond du fauteuil, et elle le défiait tout bas : « Hein ?... Hein ?... » et elle s'attendait à être insultée. Mais il lui tendit les bras, ouvrit ses belles mains incertaines, renversa une tête blessée et montra entre ses cils l'étincelle double de deux larmes, tandis qu'il murmurait des paroles, des plaintes, tout un chant animal et amoureux où elle distinguait son nom, des « chérie... », des « viens... », des « plus te quitter... », un chant qu'elle écoutait penchée et pleine d'anxiété, comme si elle lui eût, par mégarde, fait très mal.

... « Je les ai tous eus, songeait-elle obstinée, j'ai toujours su ce qu'ils valaient, ce qu'ils pensaient et ce qu'ils
voulaient. Et ce gosse-là, ce gosse-là... Ce serait un peu
fort ».

Robuste à présent, fier de ses dix-neuf ans, gai à table,
impatient au lit, il ne livrait rien de lui que lui-même, et
restait mystérieux comme une courtisane. Tendre ? Oui,
si la tendresse peut percer dans le cri involontaire, le geste
des bras refermés. Mais la « méchanceté » lui revenait avec
la parole et la vigilance à se dérober. Combien de fois,
vers l'aube, Léa tenant dans ses bras son amant contenté,
assagi, l'œil mi-fermé avec un regard, une bouche, où
la vie revenait comme si chaque matin et chaque étreinte
le recréaient plus beau que la veille, combien de fois,
vaincue elle-même à cette heure-là par l'envie de conquérir
et la volupté de confesser, avait-elle appuyé son front
contre le front de Chéri :

— Dis... parle... dis-moi...

Mais nul aveu ne montait de la bouche arquée...

*Par intérêt, Chéri va se marier. Il en fait l'aveu à Léa...
avec l'arrière-pensée de déchirer sa proie. « Mais c'est solide
une femme ». Et Léa attendra le départ de Chéri pour laisser
éclater sa douleur.*

Soudain un malaise, si vif qu'elle le crut d'abord physique, la souleva, lui tordit la bouche, et lui arracha, avec
une respiration rauque, un sanglot et un nom :

— Chéri !

Des larmes suivirent, qu'elle ne put maîtriser tout de
suite. Dès qu'elle reprit de l'empire sur elle-même, elle
s'assit, s'essuya le visage, ralluma la lampe.

« Ah ! bon, fit-elle, je vois ».

Elle prit dans la console de chevet un thermomètre,
le logea sous son aisselle.

« Trente-sept. Donc, ce n'est pas physique. Je vois.
C'est que je souffre. Il va falloir s'arranger. »

Elle but, se leva, lava ses yeux enflammés ; se poudra,
tisonna les bûches, se recoucha. Elle se sentait circonspecte,
pleine de défiance contre un ennemi qu'elle ne connaissait
pas : la douleur. Trente ans de vie facile, aimable, souvent
amoureuse, parfois cupide, venaient de se détacher d'elle

et de la laisser, à près de cinquante ans, jeune et comme nue. Elle se moqua d'elle-même, ne perçut plus sa douleur et sourit :

« Je crois que j'étais folle tout à l'heure. Je n'ai plus rien. »

Chéri, marié, est lui aussi prisonnier de ses souvenirs, et sa vie conjugale en est bientôt empoisonnée.
Il abandonne sa femme et retourne chez Léa.

— Nounoune chérie ! Je te retrouve ! ma Nounoune ! ô ma Nounoune, ton épaule, et puis ton même parfum, et ton collier, ma Nounoune, ah ! c'est épatant... Et ton petit goût de brûlé dans les cheveux, ah ! c'est... c'est épatant...

... Il se plaignait doucement à bouche fermée, et ne parlait plus guère : il écoutait Léa et appuyait sa joue sur son sein. Il supplia « Encore ! » lorsqu'elle suspendit sa litanie tendre, et Léa, qui craignait de pleurer aussi, le gronda sur le même ton :

— Mauvaise bête... Petit satan sans cœur... Grande rosse, va...

Il leva vers elle un regard de gratitude :

— C'est ça, engueule-moi ! Ah ! Nounoune...

Elle l'écarta pour le mieux voir :

— Tu m'aimais donc ?

Il baissa les yeux avec un trouble enfantin.

— Oui, Nounoune.

Un petit éclat de rire étranglé, qu'elle ne put retenir, avertit Léa qu'elle était bien près de s'abandonner à la plus terrible joie de sa vie.

Mais cette séparation a mis en évidence une vérité que l'un et l'autre se dissimulaient : Léa est une vieille femme. Cette révélation éclate comme un coup de foudre ; alors, Léa atteint la cime tragique de son personnage...

... Je t'ai porté trop longtemps contre moi ; et voilà que tu en as lourd à porter à ton tour : une jeune femme, peut-être un enfant... Je suis responsable de tout ce qui te manque... Oui, oui, ma beauté, te voilà, grâce à moi, à vingt-cinq ans, si léger, si gâté et si sombre à la fois... J'en ai beaucoup de souci. Tu vas souffrir, tu vas faire souffrir. Toi qui m'as aimée...

La main qui déchirait lentement son peignoir se crispa et Léa sentit sur son sein les griffes du nourrisson méchant.

— ... Toi qui m'as aimée, reprit-elle après une pause, pourras-tu... Je ne sais pas comment me faire comprendre...

Il s'écarta d'elle pour l'écouter : et elle faillit lui crier : « Remets cette main sur ma poitrine et tes ongles dans leur marque, ma force me quitte dès que ta chair s'éloigne de moi ! » Elle s'appuya à son tour sur lui qui s'était agenouillé devant elle, et continua :

— Toi qui m'as aimée, toi qui me regretteras...

Elle lui sourit et le regarda dans les yeux.

— Hein, quelle vanité !... Toi qui me regretteras, je voudrais que, quand tu te sentiras près d'épouvanter la biche qui est ton bien, qui est ta charge, tu te retiennes, et que tu inventes à ces instants-là tout ce que je ne t'ai pas appris... Je ne t'ai jamais parlé de l'avenir. Pardonne-moi, Chéri : je t'ai aimé comme si nous devions, l'un et l'autre, mourir l'heure d'après. Parce que je suis née vingt-quatre ans avant toi, j'étais condamnée, et je t'entraînais avec moi...

... Vite, vite, petit, va chercher ta jeunesse, elle n'est qu'écornée par les dames mûres, il t'en reste, il lui en reste à cette enfant qui t'attend. Tu y as goûté, à la jeunesse ! Elle ne contente pas, mais on y retourne... Eh ! ce n'est pas de cette nuit que tu as commencé à comparer... Et qu'est-ce que je fais là, moi, à donner des conseils et à montrer ma grandeur d'âme ? Qu'est-ce que je sais de vous deux ? Elle t'aime : c'est son tour de trembler, elle souffrira comme une amoureuse et non pas comme une maman dévorée. Tu lui parleras en maître, mais pas en gigolo capricieux... Va, va vite...

LA FIN DE CHÉRI

Six ans plus tard, Colette écrivit La fin de Chéri. *Un Chéri qui a subi deux terribles épreuves — la guerre, qui a révélé sa femme à elle-même, et la déchéance physique de Léa, devenue une « bonne femme ». Chéri, obsédé par ses souvenirs, ne vit plus que d'eux. Sa détresse est absolue.*

... Elle m'appelait « petit bourgeois » parce que je comptais les bouteilles dans sa cave. Petit bourgeois, homme fidèle, grand amoureux, voilà mes noms, voilà mes vrais noms, et elle, toute vernie de larmes à mon départ, c'est pourtant elle, Léa, qui me préfère la vieillesse, elle qui compte sur ses doigts, au coin du feu : « J'ai eu Chose, Machin, Chéri, Un tel... » Je croyais qu'elle était à moi, et je ne m'apercevais pas que j'étais seulement un de ses amants. De qui puis-je ne pas rougir, à présent ? ... »

... Il s'excita à gémir tout haut et à répéter : « Nounoune... Ma Nounoune... » pour se faire croire qu'il était exalté. Mais il se tut, honteux, car il savait bien qu'il n'avait pas besoin d'exaltation pour prendre le petit révolver plat sur la table. Sans se lever, il chercha une attitude favorable, finit par s'étendre sur son bras droit replié qui tenait l'arme, colla son oreille sur le canon enfoncé dans les coussins. Son bras commença tout de suite à s'engourdir et il sut que s'il ne se hâtait pas ses doigts fourmillants lui refuseraient l'obéissance. Il se hâta donc, poussa quelques plaintes étouffées de geindre à l'ouvrage, parce que son avant-bras droit, écrasé sous son corps, le gênait, et il ne connut plus rien de la vie au-delà d'un effort de l'index sur une petite saillie d'acier fileté.

La fin de Chéri *c'est peut-être la punition de l'amour, de cette passion un peu monstrueuse de Chéri pour Léa, mais aussi d'un sentiment qui, dans l'esprit et selon l'expérience intime de l'écrivain, paraît condamné.*

LA NAISSANCE DU JOUR

Le roman du renoncement à l'amour, thème mineur de
Chéri, *est devenu un chef-d'œuvre dans* La Naissance du
Jour, *que Colette écrivit à l'époque de son troisième mariage.*
La naissance du jour ou la maturité : « Les saisons paisibles
où la jeunesse rajeunit, où l'enfance retourne à l'enfance ».

« Monsieur,

Vous me demandez de venir passer une huitaine de jours
chez vous, c'est-à-dire auprès de ma fille que j'adore.
Vous qui vivez auprès d'elle, vous savez combien je la
vois rarement, combien sa présence m'enchante, et je
suis touchée que vous m'invitiez à venir la voir. Pourtant,
je n'accepterai pas votre aimable invitation, du moins pas
maintenant. Voici pourquoi : mon cactus rose va probablement fleurir. C'est une plante très rare, que l'on m'a
donnée, et qui, m'a-t-on dit, ne fleurit sous nos climats
que tous les quatre ans. Or, je suis déjà une très vieille
femme, et, si je m'absentais pendant que mon cactus
rose va fleurir, je suis certaine de ne pas le voir refleurir
une autre fois...

Veuillez donc accepter, Monsieur, avec mon remercie-
ment sincère, l'expression de mes sentiments distingués
et de mon regret. »

Ce billet, signé « Sidonie Colette, née Landoy », fut
écrit par ma mère à l'un de mes maris, le second. L'année
d'après, elle mourait, âgée de soixante-dix-sept ans.

... « Je suis la fille de celle qui écrivit cette lettre, —
cette lettre et tant d'autres, que j'ai gardées. Celle-ci, en
dix lignes, m'enseigne qu'à soixante-seize ans elle pro-
jetait et entreprenait des voyages, mais que l'éclosion
possible, l'attente d'une fleur tropicale suspendait tout

et faisait silence même dans son cœur destiné à l'amour. Je suis la fille d'une femme, qui, dans un petit pays honteux, avare et resserré, ouvrit sa maison villageoise aux chats errants, aux chemineaux et aux servantes enceintes. Je suis la fille d'une femme qui, vingt fois désespérée de manquer d'argent pour autrui, courut sous la neige fouettée de vent crier de porte en porte, chez les riches, qu'un enfant, près d'un âtre indigent, venait de naître sans langes, nu sur de défaillantes mains nues... Puissé-je n'oublier jamais que je suis la fille d'une telle femme qui penchait, tremblante, toutes ses rides éblouies entre les sabres d'un cactus sur une promesse de fleur, une telle femme qui ne cessa elle-même d'éclore, infatigablement, pendant trois quarts de siècle... »

Maintenant que je me défais peu à peu et que dans le miroir peu à peu je lui ressemble, je doute que, revenant, elle me reconnaisse pour sa fille, malgré la ressemblance de nos traits... A moins qu'elle ne revienne quand le jour point à peine, et qu'elle ne me surprenne debout, aux aguets sur un monde endormi, éveillée, comme elle fut, comme souvent je suis, avant tous...

... Demain, je surprendrai l'aube rouge sur les tamaris mouillés de rosée saline, sur les faux bambous qui retiennent, à la pointe de chaque lance bleue, une perle... Le chemin de côte qui remonte de la nuit, de la brume et de la mer... Et puis, le bain, le travail le repos... Comme tout pourrait être simple... Aurais-je atteint ici ce que l'on ne recommence point ? Tout est ressemblant aux premières années de ma vie, et je reconnais peu à peu, au rétrécissement du domaine rural, aux chats, à la chienne vieillie, à l'émerveillement, à une sérénité dont je sens de loin le souffle — miséricordieuse humidité, promesse de pluie réparatrice suspendue sur ma vie encore orageuse — je reconnais le chemin du retour. Maint stade est accompli, dépassé. Un château éphémère [1], fondu dans l'éloignement, rend sa place à la maisonnette. Des domaines étalés sur la France se sont peu à peu rétractés, sous un souhait que je n'osais autrefois formuler. Hardiesse singu-

---

1. Allusion au château de M. de Jouvenel.

lière, vitalité d'un passé qui inspire jusqu'aux génies subalternes du présent : les serviteurs redeviennent humbles et compétents. La femme de chambre bêche avec amour, la cuisinière savonne au lavoir. Ici-bas, quand je ne croyais plus la suivre que de l'autre côté de la vie, ici-bas existe une sente potagère où je pourrais remonter mes propres empreintes ? A la margelle du puits un fantôme maternel, en robe de satinette bleue démodée, emplit-il les arrosoirs ? Cette fraîcheur de poudre d'eau, ce doux leurre, cet esprit de province, cette innocence enfin, n'est-ce pas l'appel charmant de la fin de la vie ? Que tout est devenu simple... Tout, et jusqu'au second couvert que parfois je dispose, sur la table ombragée, en face du mien.

Un second couvert... Cela tient peu de place, maintenant : une assiette verte, un gros verre ancien, un peu trouble. Si je fais signe qu'on l'enlève à jamais, aucun souffle pernicieux, accouru soudain de l'horizon, ne lèvera mes cheveux droits et ne fera tourner — cela s'est vu — ma vie dans un autre sens. Ce couvert ôté de ma table, je mangerai pourtant avec appétit.

... Ce couvert est celui de l'ami qui vient et s'en va, ce n'est plus celui d'un maître du logis qui foule, aux heures nocturnes, le sonore plancher d'une chambre, là-haut... Les jours où l'assiette, le verre, la lyre manquent en face de moi, je suis simplement seule, et non délaissée. Rassurés, mes amis me font confiance.

... Humble à l'habitude devant ce que j'ignore, j'ai peur de me tromper, quand il me semble qu'entre l'homme et moi une longue récréation commence... Homme, mon ami, viens respirer ensemble ?... J'ai toujours aimé ta compagnie. Tu me regardes à présent d'un œil si doux. Tu regardes émerger, d'un confus amas de défroques féminines, alourdie encore comme d'algues une naufragée — si la tête est sauve, le reste se débat, son salut n'est pas sûr — tu regardes émerger ta sœur, ton compère : une femme qui échappe à l'âge d'être une femme. Elle a, à ton image, l'encolure assez épaisse, une force corporelle d'où la grâce à mesure se retire, et l'autorité qui te montre que tu ne peux plus la désespérer, sinon purement. Restons ensemble : tu n'as plus de raisons, maintenant, de me quitter pour toujours.

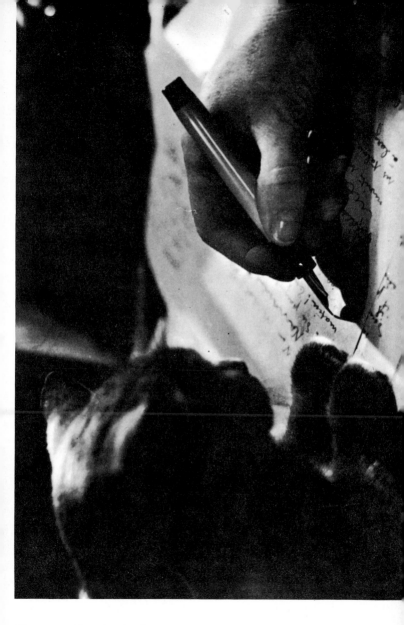

Ci-contre : *La réception à l'Académie Royale de Belgique*

Une des grandes banalités de l'existence, l'amour, se retire de la mienne. L'instinct maternel est une autre grande banalité. Sortis de là, nous nous apercevons que tout le reste est gai, varié, nombreux. Mais on ne sort pas de là, quand, ni comme on veut.

Qu'elle était judicieuse, la remontrance d'un de mes maris : « Mais tu ne peux donc pas écrire un livre qui ne soit d'amour, d'adultère, de collage mi-incestueux, de rupture ? Est-ce qu'il n'y a pas autre chose dans la vie ? » Si le temps ne l'eût pressé de courir — car il était beau et charmant — vers des rendez-vous amoureux, il m'aurait peut-être enseigné ce qui a licence de tenir, dans un roman et hors du roman, la place de l'amour... Il partait donc, et, au long du même papier bleuâtre qui sur la table obscure guide en ce moment ma main comme un phosphore, je consignais, incorrigible, quelque chapitre dédié à l'amour, au regret de l'amour, un chapitre tout aveuglé d'amour. Je m'y nommais Renée Néré, ou bien, pré-monitoire, j'agençais une Léa. Voilà que, légalement, littérairement et familièrement, je n'ai plus qu'un nom, qui est le mien. Ne fallait-il, pour en arriver, pour en revenir là, que trente ans de ma vie ? Je finirai par croire que ce n'était pas payer trop cher... Voyez-vous que le hasard ait fait de moi une de ces femmes cantonnées dans un homme unique, au point qu'elles en portent jusque sous terre, stériles ou non, une ingénuité confite de vieille fille ?... D'imaginer un pareil sort, mon double charnu, tanné de soleil et d'eau, que je vois dans le miroir penché, en tremblerait, s'il pouvait trembler encore d'un péril rétrospectif.

LE KÉPI

Chéri, La Naissance du Jour, sont deux romans prémonitoires du renoncement à l'amour, qui illustrent une attitude singulière de Mme Colette : l'art de transformer ses romans en amulettes personnelles, peut-être afin d'exorciser l'avenir... Il serait intéressant de suivre les diverses étapes de ce processus. Le Képi est sans doute l'une d'entre elles.

Dans L'Entrave, l'écrivain avait fait allusion à une anecdote qui devint trente-deux ans plus tard un roman. Une femme d'âge mûr s'éprend d'un jeune sous-lieutenant. Mais elle se coiffe un jour du képi de son amant, et cette image saugrenue précipite la rupture entre Marco et son militaire, situation d'où l'attitude de Léa semble issue, par opposition à celle de Marco.

Un jour faste, certainement. Un de ces jours où la pluie de Paris, on ne sait quelle moiteur qui dépolit les miroirs quel besoin de rejeter les vêtements, provoquent les amants à s'enfermer et faire du jour la nuit, « un de ces jours, dit Marco, qui sont la perdition de l'âme et du corps... » Il fallut bien que je suivisse mon amie et que je l'imaginasse — elle m'y contraignit — demi-nue sur le divan-lit, au sortir de ces bonheurs si physiques et si rudes qu'elle les nommait « maléfices »... C'est à ce moment que sa main, errant égarée sur le lit, y rencontra le képi, et qu'elle céda à un des réflexes les plus féminins : elle s'assit dans sa chemise froissée, se planta le képi sur l'oreille, l'assujettit d'une tape espiègle, et fredonne :

        Tambours, clairons, musique en tête,
        V'là qu'il arrive un régiment...

Si je m'en tiens aux faits, l'histoire de Marco est finie. Marco avait un amant, Marco n'eut plus d'amant. Marco avait « touché à la hache », c'est-à-dire coiffé le képi fatal, et dans le pire moment... Dans le moment où l'homme est une harpe triste qui frémit encore, un explorateur qui revient d'un pays qu'il a entrevu et n'a pas atteint, un pénitent lucide qui jure « je ne le ferai plus » et se meurtrit les genoux...

LA SECONDE

Autre thème du renoncement à l'amour : La Seconde,
où nous rencontrons aussi un visage émouvant d'adolescent,
qu'il est intéressant de comparer à Phil du Blé en herbe,
à Chéri, *à Antoine de l'*Ingénue libertine.
Un des principaux héros masculins de Colette, Farou,
entre ici en lice. C'est une sorte de mâle-type, naturellement
polygame, qui sous son toit a installé Jeanne, sa secrétaire-
maîtresse — dont son fils est d'ailleurs amoureux.
Fanny, épouse de Farou, suscite un jour une « explication »
entre elle, son mari et Jeanne. Cette scène, véritable dialogue
de théâtre, rappelle l'explication Claudine-Renaud-Rézi,
autant par le mouvement que par le ton.

Farou, qui s'était assis, se leva lentement. Ses sourcils
descendirent sur son front avec majesté, et les deux
femmes n'eurent peur, un instant, que parce qu'elles
le trouvaient beau. Elles attendirent, l'une et l'autre,
elles ne savaient quel tonnerre...

— Laquelle de vous deux en a parlé ? dit enfin Farou.

— Moi, naturellement, déclara Fanny, offensée.

Il posa son regard sur elle, mais sans feu, et avec une
défiance déjà réfléchie.

— Tu le savais depuis longtemps ?

Elle mentit, par une sorte de forfanterie :

— Oh !... très longtemps...

— Et tu l'as si bien caché ? Mes compliments.

Elle crut à une contre-offensive vulgaire et haussa
l'épaule.

— Mais, continua Farou, si tu l'as réellement caché si
longtemps... ce qui m'étonne... oui, ce qui m'étonne...
pourquoi ne continues-tu pas ?

Stupide un moment, elle se ressaisit et cria :

— Tu crois donc qu'on peut garder pour soi une chose
pareille, qu'on peut se taire indéfiniment ?

— J'en suis persuadé, dit Farou.

— Tu sais très bien, Fanny, que tu es ma chère Fanny. Et moi, j'ai toujours bénéficié de ta tendresse pour moi, à travers tout, depuis plus de dix ans. Ce sont ces dix années-là qui me garantissent que tu sauras ménager celle qui mérite d'être ménagée. Je t'en suis d'avance reconnaissant.

« Celle qui méritait d'être ménagée » accueillit sans broncher la fin de la période et la stupeur de Fanny. Même elle indiqua, de la bouche arrondie, un sifflement d'admiration ironique. Elle semblait avoir perdu, depuis l'entrée de Farou, la faculté de s'émouvoir et de s'étonner, et suivait les mouvements de Fanny et de Farou en rapetissant ses yeux...

Quant à l'homme, tel qu'il vient de nous être révélé, Mme Colette, à travers ce personnage, juge l'espèce.

— Je l'ai trouvé au-dessous de tout, mais au-dessous de tout ! Pourquoi a-t-il été au-dessous de tout ?

— Et comment voudriez-vous donc qu'il ait été ? répartit Jane vertement. Vous pensiez qu'il allait faire de l'esprit ? Ou vous battre ? Ou me jeter par la fenêtre ?... Un homme, dans cette situation-là... Mais il n'y en a pas un sur cent qui s'en tire à son avantage, sinon à son honneur...

Elle secoua la tête.

— C'est trop difficile pour eux, conclut-elle sans commentaires, et comme gardant pour elle le plus clair de son expérience.

— Pourquoi ? demanda Fanny faiblement.

Jane   coupa son fil d'un coup de dents.

— Parce que. Comme ça. Ils sont timides, vous savez, dit-elle, en employant toujours le même désobligeant pluriel. Et puis, ils sont ainsi faits que dans ce que nous appelons une scène, ou une dispute, ils entrevoient tout de suite la possibilité de se débarrasser de nous pour toujours...

Et les deux femmes suivent le conseil de l'homme, et acceptent le compromis, méprisées par le petit Farou, dont l'adolescence aux forces intransigeantes ne conçoit que l'absolu de l'amour.

171

DUO

Bien plus que le roman de l'amour trahi, Duo *est celui d'une sensibilité et d'une vérité de l'amour. Michel découvre que sa femme, Alice, l'a trompé. Pour Alice, c'est une « vieille histoire de rien ». Pour Michel, le drame commence.*

— Michel, tu ne veux pas que nous rentrions à Paris, demain ?

Il fronça tout son visage, se mit en défense :

— A Paris ? tu es folle ? Quand nous avons encore neuf jours de vacances avant de relayer Ambrogio ? Quand je cherche à reprendre mon équilibre, à...

— Pas de cris, interrompit Alice. Les fenêtres sont ouvertes.

— Vas-y, toi, vas-y, à Paris ! Je ne force personne à s'ennuyer ici, je n'attends de personne le secours, la compréhension, le...

— Bon, bon, mettons que je n'ai rien dit. Je ne suis pas mal ici, moi.

Il posa ses lunettes, scruta le visage de sa femme.

— Ce n'est pas vrai, dit-il durement. Tu es mal, ici. Mais je ne vois pas pourquoi tu serais bien. Pourquoi serais-tu bien, toi qui ne l'as pas mérité ?

— Parce que j'en ai envie.

— Belle raison !

— La meilleure. Tu t'en viens me parler de mérite ! Qu'est-ce qu'il a à voir, ton mérite, avec le besoin de respirer à fond, d'avoir bonne mine, de ne pas se flageller tous les matins ?

— Tu feras bien de ne parler que des choses que tu connais, dit Michel. Se flageller ! Les mortifications et toi...

— Dis : les mortifications et nous, va... Sauf que tu as plus d'une fois mordu l'intérieur de ta joue pour t'empêcher de casser la figure à des gens d'affaires, sauf que je sais me priver du superflu, c'est-à-dire de m'habiller et me reposer, pour garder un peu de nécessaire, nous nous valons, en fait d'ascétisme.

— Le nécessaire ? Quel nécessaire ?

Elle haussa les épaules à sa manière, comme si elle voulait secouer d'elle sa robe et s'en aller nue.

— L'amour, par exemple, le nôtre. Une voiture quand ça me plaît. Le droit de dire crotte à certaines gens. Un vieux costume tailleur, mais une belle chemise dessous. Je bois de l'eau toute l'année, mais il me faut un frigidaire pour la glacer. Enfin, bien des petites choses... C'est ça, le nécessaire.

Mais, pour Michel, le nécessaire, c'est autre chose. Il ne dépend plus maintenant que de « la qualité de sa souffrance »; et il se tue, parce que, comme Chéri, il croyait à l'amour.

Le jour... Déjà ! Comme le temps passe vite. Déjà le jour. J'étais si tranquille. Tranquille n'est pas le mot, mais enfin, j'étais seul. Quand elle se lèvera... Qu'est-ce qu'on veut que je devienne, quand elle rouvrira la porte de la chambre ? Et des questions, et des étonnements, et une gentille inquiétude. Et elle me dira que je ne suis pas raisonnable, et elle s'approchera de moi, elle posera ses mains sur mes épaules, cette intouchable ! en levant ses beaux bras...

... Il éteignit la lampe du bureau, mais n'ouvrit pas le tiroir qui contenait un révolver. « Moi, faire une chose pareille dans ma maison ? Montrer ça à Alice ?... Et Maria, qu'est-ce qu'elle dirait Maria ?... »

Il s'anima de la malignité qui possède, à regarder courir les passants sous l'averse, l'homme qui s'est abrité à temps. « Oh ! comme elle se débrouillera bien. Quand elle veut... Je la vois d'ici aux prises avec Chevestre ! Et avec les gens de l'assurance sur la vie, qui commencent toujours par réfuter la thèse de l'accident. Ah ! ce sera un beau spectacle. Et mon contrat avec Ambrogio, donc ! Il trouvera à qui parler, le Niçois. Elle sera superbe, un culot du tonnerre de Dieu... La tête en arrière, sa cigarette au bec, la main sur le pli de sa hanche... »

Un éblouissement d'inanition ne suffit pas à lui voiler cette hanche, ni le pli qui la marquait chaque fois qu'Alice, assaillie traîtreusement, virait sur ses reins sans se dégager de son agresseur...

Il se jeta sur la pente, traversa le boqueteau où la nuit régnait encore, et rencontra sous ses pas, lourde, retardée par son limon ferrugineux, la rivière qui battait à petit flot muet la clôture rompue du parc.

LA CHATTE

*Mme Colette n'a jamais écrit un traité du sentiment.
Mais elle nous a donné* La Chatte *qui, dans l'ensemble de son
œuvre, occupe la place d'un tel ouvrage.*

*Deux intrigues y marient leurs arabesques. Un homme et
une femme nous apparaissent divisés devant le désir et devant
l'amour.*

*Alain et Camille sont deux amis d'enfance — peut-être
Phil et Vinca du* Blé en herbe, *quelques années plus tard;
ils se marient... Mais ce qu'Alain aime de Camille, c'est...*
une forme perfectionnée et immobile... cette ombre...
un portrait, ou le vif souvenir qu'elle lui laissait de certaines heures, de certaines robes...

*Camille, elle, veut se faire aimer pour elle-même, avec
toute l'ingénuité et les ressources de son cœur et de son corps
neuf.*

Son désir de bonheur et de volupté offense Alain.

Avec précaution, il tourna la tête, entr'ouvrit les yeux
et vit tantôt blanche, et tantôt bleu clair selon qu'elle
baignait dans l'étroit ruisseau de soleil ou qu'elle rega-
gnait la pénombre, une jeune femme nue, un peigne à
la main, la cigarette aux lèvres, qui fredonnait. « C'est
du toupet », pensa-t-il. « Toute nue ? Où se croit-elle ? »
Il reconnut les belles jambes qui lui étaient dès longtemps
familières, mais le ventre, raccourci par le nombril placé
un peu bas, l'étonna. Une jeunesse impersonnelle sauvait
la fesse musclée, et les seins étaient légers au-dessus des
côtes visibles. « Elle a donc maigri ? » L'importance du
dos, aussi large que la poitrine, choqua Alain. « Elle a le
dos peuple... » Justement Camille s'accouda à l'une des
fenêtres, bomba le dos et remonta les épaules. « Elle a un
dos de femme de ménage. » Mais elle se redressa soudain,
dansa deux enjambées, fit un geste charmant d'étreinte
dans le vide. « Non ce n'est pas vrai, elle est belle. Mais

quelle... mais quel culot ! Elle me croit mort ? Ou bien elle trouve tout naturel de se balader toute nue ? Oh ! mais ça changera... »

Alain gardait parfois son vêtement d'été, sans gilet, mais Camille portait sur lui des mains impatientes, lui retirait son veston, sa cravate, ouvrait son col, roulait les manches de sa chemise, montrait et cherchait la peau nue, et il la traitait d'effrontée, en se laissant faire. Elle riait un peu douloureusement, en réfrénant son envie. Et c'est lui qui baissait les yeux pour cacher une appréhension qui n'était pas exclusivement voluptueuse : « Quel ravage de désir sur ce visage... Elle en a la bouche tirée. Une jeune femme si jeune... Qui lui a appris à me devancer ainsi ? »

Cependant cette inconciliabilité, qui s'est établie « comme une saison nouvelle avec ses surprises et parfois ses agréments », ne fait que créer le climat de l'intrigue ; le drame se noue sur un autre plan. Jusqu'ici Mme Colette nous avait dépeint les animaux, les avait animés avec un don éclatant, elle les hausse dans ce roman à une valeur de symbole qu'elle seule pouvait traduire. Pour Alain, sa chatte Saha est une chimère sublime.

« Avant de t'avoir choisie, Saha, je n'aurais peut-être jamais su qu'on peut choisir. Pour le reste... Mon mariage contente tout le monde et Camille, et il y a des moments où il me contente aussi, mais... »

... Il ouvrit la porte de glaces, pratiquée à une des extrémités de la paroi la plus longue qu'ils nommaient l'hypoténuse.

— Et puis je passerai une minute chez ma mère...

— Oui... Tu ne veux pas que je t'accompagne ?

Il parut choqué et elle rougit pour la première fois de la journée.

— Je verrai si les travaux...

— Oh ! les travaux... ils t'intéressent, toi, les travaux. Avoue, — elle croisa les bras en tragédienne — avoue que tu vas voir ma rivale !

— Saha n'est pas ta rivale, dit Alain, simplement.

« Comment serait-elle ta rivale ? » poursuivit-il en lui-même. « Tu ne peux avoir de rivales que dans l'impur... »

... Même une femme, continua Camille en s'échauffant, même une femme tu ne l'aimerais pas sans doute autant.

— C'est juste, dit Alain.

— Tu n'es pas comme les gens qui aiment les bêtes, toi... Patrik, lui, il aime les bêtes... Il prend les gros chiens par le cou, il les roule, il imite les chats pour voir la tête qu'ils feront, il siffle les oiseaux...

— Oui, enfin, il n'est pas difficile, dit Alain.

— Toi, c'est autre chose, tu aimes Saha...

— Je ne te l'ai jamais caché, mais je ne t'ai pas menti non plus quand je t'ai dit : Saha n'est pas ta rivale...

Il s'interrompit et abaissa les paupières sur son secret, qui était un secret de pureté.

— Il y a rivale et rivale, dit Camille sarcastiquement.

Elle rougit soudain, s'enflamma d'une ivresse brusque, marcha sur Alain :

— Je vous ai vus ! cria-t-elle. Le matin, quand tu passes la nuit sur ton petit divan... Avant que le jour se lève, je vous ai vus, tous deux...

Elle tendit un bras tremblant vers la terrasse.

— Assis, tous les deux... vous ne m'avez même pas entendue ! Vous étiez comme ça, la joue contre la joue...

Dans son foyer, Camille sent la présence d'une véritable rivale qu'elle hait...

... La chatte regardait le dos de Camille, et son souffle s'accélérait. Elle se leva, tourna deux ou trois fois sur elle-même, interrogea la porte close... Camille n'avait pas bougé. Saha gonfla ses narines, montra une angoisse qui ressemblait à la nausée ; un miaulement long, désolé, réponse misérable à un dessein imminent et muet, lui échappa, et Camille fit volte-face.

... Saha s'était reprise, et fût morte plutôt que de jeter un second cri. Traquant la chatte sans paraître la voir, Camille alla, vint, dans un complet silence. Saha ne sautait sur le parapet que lorsque les pieds de Camille arrivaient sur elle, et elle ne retrouvait le sol du balcon que pour éviter le bras tendu qui l'eût précipitée du haut des neuf étages.

Elle fuyait avec méthode, bondissait soigneusement, tenait ses yeux fixés sur l'adversaire, et ne condescendait

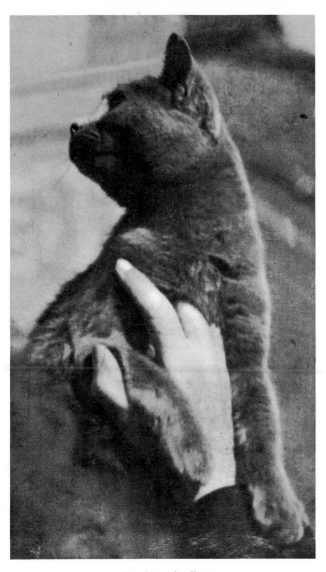

« La chatte dernière »

ni à la fureur, ni à la supplication. L'émotion extrême, la crainte de mourir, mouillèrent de sueur la sensible plante de ses pattes, qui marquèrent des empreintes de fleurs sur le balcon stuqué.

Camille sembla faiblir la première, et disperser sa force criminelle. Elle commit la faute de remarquer que le soleil s'éteignait, donna un coup d'œil à son bracelet-montre, prêta l'oreille à un tintement de cristaux de l'appartement. Quelques instants encore et sa résolution, en l'abandonnant comme le sommeil quitte le somnambule, la laisserait innocente et épuisée... Saha sentit chanceler la fermeté de son ennemie, hésita sur le parapet, et Camille, tendant les deux bras, la poussa dans le vide.

Alain accuse sa femme :

— C'est toi, n'est-ce pas ? Tu l'as jetée ?...

Elle mit, d'un mouvement prompt, le lit entre elle et lui, mais ne nia point. Il la regarda fuir avec une sorte de sourire :

— Tu l'as jetée, dit-il rêveur. J'ai bien senti que tu avais tout changé entre nous, tu l'as jetée... elle a cassé ses griffes en s'accrochant au mur...

Il baissa la tête, imagina l'attentat.

— Mais comment l'as-tu jetée ? En la tenant par la peau du cou... En profitant de son sommeil sur le parapet ?... Est-ce que tu as longtemps organisé ton coup ? Vous ne vous êtes pas battues, avant ?...

Il releva le front, regarda les mains et les bras de Camille.

— Non, tu n'as pas de marques. Elle t'a bien accusée, hein, quand je t'ai obligée à la toucher... Elle était magnifique...

Son regard, abandonnant Camille, embrassa la nuit, la cendre d'étoiles, les cimes des trois peupliers qu'éclairaient les lumières de la chambre...

— Eh bien, dit-il simplement, je m'en vais.

Dans Nudité, *Mme Colette — dix ans plus tard — nous conte comment elle emprunta un des éléments de* La Chatte *à une confidence :*

Quand la fille d'une de mes amies épousa le fils d'un de mes amis, on s'écria : « Ils sont faits l'un pour l'autre ! » Je ne m'écriai rien du tout, car les deux fiancés eux-mêmes étaient amis depuis l'enfance, et je trouvais à part moi que l'amitié tenait beaucoup de place dans ce mariage d'amour.

Mais certaines timidités dissimulées, chez la jeune fille, m'étaient de bon augure, de même que certaine autorité chez le jeune homme, âgé seulement de vingt et un ans.

... Sa grande jeunesse fit de lui, la première nuit de ses noces, un mentor fier de sa science. Tâchez d'entendre par là qu'il ne négligea rien pour éblouir sa femme toute neuve. Et pour commencer, il lui enseigna que l'état de nudité est un état naturel, souhaitable, exaltant et commode.

Il démontra, par faits et gestes, que tout est permis, railla quelques résistances ultimes, et le sommeil s'abattit sur son triomphe abreuvé d'un peu de champagne.

Dès le lendemain, l'étonnement fut pour lui. Car la petite épouse, convaincue, se promenait déjà sans voile, et sans voile s'attablait devant le chocolat mousseux, flanqué de tartines. Didier remit à plus tard de lui dire qu'à certaines heures conviennent certains apprêts, et il se borna à lui jeter un veston de pyjama. Elle ne vit là qu'un jeu, et rendit projectile pour projectile, aussi à l'aise que si elle fût au stade de gymnastique. Ils luttèrent de bon cœur, et quand revint, le soir, la solitude, le tête-à-tête, Janine — mettons qu'elle se nommait Janine — fit voir qu'elle tenait déjà pour naturels en effet, exaltants et commodes, l'état de nudité complète et les ébats qu'il autorise...

— Vous comprenez, conta Didier, il n'y avait pas quarante-huit heures que nous... que nous nous connaissions et... pour un peu j'aurais été forcé de lui dire : « Eh ! là ; pas si fort... un peu de tenue, bon Dieu... » Au point que j'en étais choqué, que j'aurais voulu ma petite camarade déconcertée des premières heures, et j'espérais toujours qu'elle allait reculer, trembler, mettre son bras plié sur ses yeux... mais jamais plus elle n'a mis ses bras sur ses yeux, ni mordu sa lèvre, ni eu peur de moi... Quand je lui ai fait quelques remarques, elle a ouvert tout grands ses yeux : « Mais puisqu'on est mariés, mon chéri ! » De sorte que par comparaison, c'est moi qui avais l'air d'un coquebin. On parle toujours des conseils à donner aux jeunes mariées *avant* la première nuit... Fichtre, c'est bien plutôt *après*, qu'il faudrait leur apprendre à perdre contenance...

... J'aurais voulu lui dire, entre autres choses excellentes, que pour le rôle, si je puis écrire, de conseiller... posthume, le mariage a pensé justement au mari lui-même ; qu'il est dangereux de laisser aux pouliches la bride sur le cou ; que le plus difficile ce n'est pas d'obtenir un paroxysme, mais des phénomènes de régression ; que beaucoup de jeunes filles de la veille se débarrassent en un coup de toute vergogne parce qu'elle fait, croient-elles, obstacle au plaisir...

Mais je me tus, pensant que j'avais, moi, passé la saison des pédagogies, et qu'un Dieu, ami des amants comme des ivrognes, porterait sans doute Janine à savoir rougir un jour, un jour où la beauté faiblissante recourt à la grâce, doute de la nudité et de l'ardeur qu'elle inspire, et incertaine au-devant de tes vœux secrets, ô toi, ombrageuse, renaissante et délicate pudeur de l'homme...

Mais La Chatte *ce n'est pas seulement l'étalage de ce* « *sentiment que la femme ne compte pour rien et qui est la pudeur masculine.* »
Le roman dépasse en richesse l'histoire et peut-être l'intention qui le fit naître. On y trouve, traduit avec maîtrise et sobriété, un véritable drame d'amour à trois personnages.

JULIE DE CARNEILHAN

*Que serait devenue Claudine, à l'été de sa vie ? Le lecteur
qui s'en préoccupe trouvera peut-être un portrait de cette
héroïne sous les traits de Julie de Carneilhan, sorte de
Claudine à l'âge épanoui de la femme ; une Claudine qui
n'aurait pas connu Renaud, et qui aurait conservé intact
l'esprit fier, primesautier, presque viril de sa jeunesse —
un personnage « pur sang » parmi la galerie de « chats » et
de « chattes » que sont pour la plupart les héros et les
héroïnes de Colette.*

... Mme de Carneilhan était une belle femme qui bra-
vait l'opinion, sortait sereine des esclandres conjugaux,
endurait la vie industrieuse des femmes qui manquent
d'appui et d'argent, mais ne supportait pas sans pleurer
un peu, vieillir beaucoup, fléchir du dos, d'être privée
d'un divertissement qu'elle s'était promis.

... Tiens, une fois, je dînais à cette table-là-bas, avec
mon premier mari. Je m'appelais la baronne Becker. A
une autre table, il y avait un lieutenant en uniforme et
un civil. Je ne regardais que le lieutenant. C'est drôle,
on ne voit plus de lieutenants aussi blonds, maintenant.
Celui-là tout d'un coup se lève, vient droit à notre table,
s'excuse et décline son nom, en ajoutant : « Votre cousin
très humble, Madame... » Et le voilà qui grimpe à un arbre
généalogique, qui défile des parentés, des noms, des
alliances... Becker hochait la tête, disait : « Parfaitement...
oui, oui, je vois très bien... D'ailleurs il y a un réel air de
famille entre ma femme et vous... » Et rien n'était vrai,
que la blondeur du lieutenant en or filé, et d'autres
qualités, très authentiques, qu'il révéla... Mais ce n'est
pas à toi que je peux raconter des histoires pareilles.
Pourtant, tu n'es ici ce soir que parce que nous sommes
rentrés ensemble, à la fin d'un souper, il y a... je ne sais
plus... deux mois, trois mois, et que ma foi, nous en avons

été bien contents tous les deux. Mais d'avoir été bien contents, quel rapport ça a-t-il avec l'obligation de recommencer ? Tu es comme une jeune fille de l'ancienne France : « Maman, je suis fiancée, un Monsieur m'a embrassée dans le jardin ! »

... Elle avait beaucoup vécu parmi des mensonges, avant de follement opter pour une petite vie sincère, étroite, où la sensualité elle-même ne se permettait que des émotions authentiques. Que de folles décisions, que de penchant pour des vérités successives... Un jour que son travesti, dans une fête, exigeait des cheveux courts, n'avait-elle pas coupé sa grande crinière alezane, qui, dénouée, lui couvrait les reins ? « J'aurais pu louer une perruque... J'aurais pu aussi, à la rigueur, passer ma vie avec Becker, ou avec Espivant. A ce compte-là, j'aurais pu aussi rester à tourner la cruchade dans une vieille casserole, à Carneilhan... Les choses qu'on aurait pu faire, ce sont celles qui ont été impossibles. Des mensonges ? Pourquoi pas, après tout ? » Elle n'avait pas toujours maudit l'actif, le merveilleux saccage de la vérité, de la confiance.

Mais Julie est avant tout une fille de la terre, et lorsque tout lui manque, c'est vers son coin de campagne natale — comme Claudine — qu'elle va se blottir.

Longtemps sevrée d'air pur et de voyage, elle se perdait un peu à travers saisons et paysages, s'attendait à cueillir les prunes et le muguet, les fraises sauvages et les églantines. Elle convoitait la route de halage et l'élastique terreau des bruyères. Mais surtout elle revoyait certains chemins sablonneux, doux au pied des montures, bordés d'ajoncs qui cardent les crins des chevaux, de mûres aigres et de bardanes griffues, les chemins creux qui avaient autrefois serré l'un contre l'autre, pareillement heureux de chevaucher à l'étroit, Julie et un cavalier... « Herbert... et mes grands cheveux qui glissaient quand il me renversait la tête... » Elle appuya son front un instant à l'encolure de Tullia, cacha une dernière, une rapide faiblesse. Puis elle se tourna résolue vers son frère, au moment où la haute jument Hirondelle, guêtrée de blanc immaculé, venait chercher et baiser, de ses naseaux fanatiques, la main de Carneilhan.

LE PUR ET L'IMPUR

Le Pur et l'Impur — *titre définitif de* Ces plaisirs — *est
sans doute l'un des ouvrages les plus importants de
Mme Colette. Le livre est une véritable étude sur la volupté,
où l'auteur, à sa façon, nous livre ses réflexions et de délicates confidences sur le cœur, sur...*

...la caverne d'odeurs, de couleurs, le sourd asile où
s'ébattait sûrement une puissante arabesque de chair,
un chiffre de membres mêlés, monogramme symbolique
de l'Inexorable... En ce mot, l'Inexorable, je rassemble
le faisceau de forces auquel nous n'avons su donner que
ne nom de « sens ». Les sens ? Pourquoi pas *le* sens ?
Ce serait pudique, et suffisant. *Le sens* : cinq autres sou-
sens s'aventurent loin de lui, qui les rappelle d'une secousse
— ainsi des rubans légers et urticants, mi-herbes, mi-
bras délégués par une créature sous-marine...

Sens, seigneurs intraitables, ignorants comme les
princes d'autrefois qui n'apprenaient que l'indispensable :
dissimuler, haïr, commander...

Ce livre, tristement, parlera du plaisir.

*Voici d'abord sa contribution à une conception de Don
Juan.*

— Quel souvenir, Damien, croyez-vous avoir laissé
aux femmes, à la plupart des femmes ?

Il ouvrit grands ses yeux gris, dont il ménageait le
regard, d'habitude, entre des paupières mi-fermées.

— Quel souvenir ?... A coup sûr, un goût de trop peu,
naturellement.

Colette vise ensuite « le véridique hermaphrodisme mental qui change certains êtres fortement organisés ».

Elles ne m'abusèrent pas longtemps, ces images photographiques où je porte col droit, régate, un petit veston sur une jupe plate, une cigarette fumante entre deux doigts. Je pose sur elles un regard moins perçant, à coup sûr, que ne fût celui de l'insigne vieux démon de la peinture, Boldini. Je le vis, pour la première fois, dans son atelier. La robe d'un grand portrait de femme inachevé, une robe en satin blanc aveuglant, d'un blanc de berlingot à la menthe, recevait et rejetait avec violence toute la lumière. Boldini détourna du portrait sa face de griffon et me dévisagea longuement.

— C'est vous, dit-il, qui mettez le smoking le soir ?

— Il a pu m'arriver, pour une soirée costumée...

— C'est vous qui jouez le mime ?

— Oui.

— C'est vous qui êtes sans maillot sur la scène ? Et qui dansez — cosi, cosi, — toute nue ?

— Pardon, je n'ai jamais paru nue sur aucune scène. On a pu le dire, et l'imprimer, mais la vérité est que...

Il ne m'écoutait même pas. Il rit avec une grimaçante finesse, et me tapota la joue en murmurant :

Bonne petite bourgeoise... Bonne petite bourgeoise...

... Chez ces femmes tout ensemble libres et apeurées, qui aimaient les nuits blanches, la pénombre, l'oisiveté, le jeu, je n'ai presque jamais rencontré le cynisme.

Amitié, mâle amitié, sentiment insondable ! Pourquoi le plaisir amoureux serait-il le seul sanglot d'exaltation qui te fût interdit ?...

... Il est en moi de reconnaître à la pédérastie une manière de légitimité et d'admettre son caractère éternel.

J'ai eu l'occasion de descendre au fond de la jalousie, de m'y établir et d'y rêver longuement. Ce n'est pas un séjour irrespirable, et il m'est arrivé autrefois, en écrivant, de le comparer comme tout le monde à l'enfer, je prie qu'on porte le mot au compte de mon lyrisme. C'est plutôt une sorte de purgatoire gymnique, où s'entraînent tour à tour les sens, et morose comme sont les temples de l'entraînement. Je parle, bien entendu, de la jalousie motivée, avouable, et non d'une monomanie. Culture de l'ouïe, virtuosité otique, célérité et silence du pas, odorat tendu vers les parcelles abandonnées dans l'air par une chevelure, une poudre parfumée, le passage d'un être indiscrètement heureux, tout cela rappelle fort les excercices du soldat en campagne et la science des braconniers. Un corps tout entier aux aguets devient léger, se meut avec une aisance somnambulique, choit rarement. J'irai jusqu'à affirmer qu'il échappe, protégé par sa transe, aux épidémies banales, à condition toutefois de respecter l'hygiène spéciale et rigide du jaloux : se nourrir assez, mépriser les stupéfiants. Le reste, selon les caractères, est ennuyeux comme un sport solitaire, ou immoral comme un jeu de hasard. Le reste est une suite de paris gagnés, perdus, surtout gagnés. « Qu'est-ce que j'avais dit ? Je l'avais dit, qu'Il la retrouvait tous les jours au même thé. J'en étais sûre ! » Le reste est compétition : tournois de beauté, de santé, d'obstination, même de sagacité... Le reste est espoir...

Il n'est pas jusqu'au souhait homicide qui n'éduque la jalousie. Inévitable, mais élastiquement retenu, puis lâché un moment, repris encore, il a presque les vertus de l'*exorcisme*. Mises à part les heures obscurcies par la sensualité, toujours prête à crier au vol et au détournement et à jouer l'affamée, je nie que le mal des jaloux les empêche de vivre, de travailler, et même de se comporter en honnêtes gens.

SIDO A SOIXANTE-DIX ANS

*A travers ses œuvres et ses modèles, nous voyons peu à peu
le visage de Mme Colette se préciser, un visage secret,
jalousement dissimulé, mais dont les traits, s'accusant sans
cesse, viennent peu à peu se confondre avec ceux de Sido.
A ce point de son talent et de son existence, Mme Colette
se laisse bercer par le rythme d'un souvenir, qui lui inspire les
plus belles pages d'une sagesse rejoignant l'antique. Un autre
ouvrage que celui-ci pourrait facilement mettre à jour les
transformations profondes subies par son style, en concor-
dance avec cette évolution des sens et du cœur.*

Sido, La Maison de Claudine, le Journal à rebours,
De ma fenêtre, L'Étoile Vesper, Le Fanal bleu, En pays
connu, *autant d'œuvres — que cette énumération n'épuise
pas — inspirées par une volonté ou un secret désir de pénétrer
davantage dans l'univers de la sagesse de Sido.*

Son grand mot : « Regarde ! » signifiait : « Regarde la
chenille velue, pareille à un petit ours doré ! Regarde la
première pousse du haricot, le cotylédon qui lève sur sa
tête un petit chapeau de terre sèche... Regarde la guêpe
qui découpe, avec ses mandibules en cisailles, une parcelle
de viande crue... Regarde la couleur du ciel au couchant,

qui annonce grand vent et tempête. Qu'importe le grand vent de demain pourvu que nous admirions cette fournaise d'aujourd'hui ? Regarde, vite, le bouton de l'iris noir est en train de s'épanouir ! Si tu ne te dépêches pas, il ira plus vite que toi... »

La Maison de Claudine, *où elle traite, nous le savons, du milieu privilégié de son enfance, ce milieu auquel elle doit son sens des valeurs et la richesse de son tempérament* ; *Sido, où elle s'attache à rendre sensible, et avec quel amour, le personnage de sa mère* ; — *deux livres qui nous révèlent le secret de sa félicité nouvelle* : « La présence de celle qui, au lieu de trouver dans la mort, un chemin pour s'éloigner, se fait mieux connaître à mesure que je vieillis. »

Une nouvelle Colette est née.

Trait pour Trait, Pour un herbier, A portée de la main, chaque ouvrage de Mme Colette qui augmente notre plaisir, nous rend plus sensibles son univers et sa tendresse pour tout ce qui vit. Puisse ce bref itinéraire au cœur d'une si grande œuvre, préparer le plaisir du lecteur et l'inviter à découvrir seul la pensée de l'écrivain, son style souverain, sa sincérité, sa merveilleuse et inépuisable richesse d'âme.

ANDRÉ PARINAUD.

COLETTE (Gabrielle, Colette dite) romancière française, née à Saint-Sauveur-en-Puisaye (1873-1954), auteur de la série des *Claudine*, de *Chéri*, *la Seconde*, etc. (Académie Goncourt).

(PETIT LAROUSSE ILLUSTRÉ, 1959.)

1873   28 janvier; naissance de Gabrielle, Sidonie COLETTE aux confins de la Bourgogne et du Morvan, à Saint-Sauveur-en-Puisaye (Yonne).

« J'appartiens à un pays que j'ai quitté »... « Mon royaume est sur la terre ». Et cette « Reine de la terre », comme elle le dit elle-même de Sido, n'a cessé « d'éclore infatigablement pendant trois quarts de siècle ».

ASCENDANCE   Toulonnaise par son père (le capitaine Colette, amputé d'une jambe à la suite d'une blessure à Magenta, 1859, doit se contenter à trente ans, d'un emploi modeste à la perception de Saint-Sauveur-en-Puisaye).

Bourguignonne par sa mère (Sidonie Landoy - Sido - avait deux enfants : Juliette et Achille, quand elle épousa le capitaine Colette dont elle eut Léopold et Gabrielle).

Sido transmet très tôt à sa fille l'amour de la vie et une sorte de sagesse naturelle.

ÉTUDES   A l'école de Saint-Sauveur-en-Puisaye, jusqu'à l'examen de fin d'études (cf. *Claudine à l'École*).

CARRIÈRE   De 1900 à sa mort, Colette n'a cessé d'écrire :
1900-1903   Premières œuvres : la série des *Claudine* en collaboration avec Willy.
1904   *Dialogues de bêtes*, signés de son seul nom.
1906-1910   Colette fait du music-hall.
1914-1918   Pendant la guerre Colette envoie d'Italie (Venise) des chroniques, des articles brillants qui séduisent Marcel Proust.
1936   Colette est élue Membre de l'Académie Royale de Belgique.
1945   Colette est élue Membre de l'Académie Goncourt.

AMOURS   Nombreuses autant que variées, ponctuées par trois mariages.
1893-1906   Colette épouse Henri Gauthier-Villars, personnalité « bien parisienne », au pseudonyme de Willy. Premier divorce.
1912   Colette épouse Henry de Jouvenel, dont elle aura une fille en 1913 (elle paraît dans plusieurs romans de sa mère sous le nom de Bel-Gazou). Second divorce.
1935   Colette épouse Maurice Goudeket avec qui elle vivra jusqu'à sa mort.

1954   3 avril, Colette meurt en pleine gloire (elle a été faite Grand Officier de la Légion d'Honneur) dans l'appartement du Palais-Royal qu'elle occupait depuis de nombreuses années en compagnie de ses chats.

QUELQUES OUVRAGES CONSACRÉS A COLETTE

Jean Larnac : *Colette, sa vie, son œuvre*, Kra, 1927.
Claude Chauvière : *Colette*, Didot, 1931.
Gonzague Truc : *Madame Colette*, Corréa, 1941.
Thierry Maulnier : *Introduction à Colette*, La Palme, 1954.
Maria Le Hardouin : *Colette*, Éd. Universitaires, 1956.
Maurice Goudeket : *Près de Colette*, Flammarion, 1956.
Marcelle Gauvin : *Colette*, Horay, 1969.
Madeleine Raaphorst-Rousseau : *Colette, sa vie, son art*, Nizet, 1964.
Maurice Goudeket : *La Douceur de vieillir*, Flammarion, 1965.
Marcelle Biolley-Godino : *L'Homme-objet chez Colette*, Klincksieck, 1972.
André J. Joubert : *Colette et Chéri*, Nizet, 1972.
Yannick Resch : *Corps féminin, corps textuel, essai sur le personnage féminin dans l'œuvre de Colette*, Klincksieck, 1973.
Margaret Crosland : *Colette*, Albin Michel, 1973.

QUELQUES OUVRAGES A CONSULTER

Marcel Arland : *Essais critiques*, Gallimard, 1931.
Claude Roy : *Descriptions critiques*, Gallimard, 1949.
Simone de Beauvoir : *Le Deuxième Sexe*, Gallimard, 1949.
Nathalie Clifford Barney : *Souvenirs indiscrets*, Flammarion, 1960.
Voir également : « Bulletins de la Société des amis de Colette en Puisaye », 1-12, Saint-Sauveur en Puisaye, 1966-1972.

PRINCIPALES ŒUVRES DE COLETTE

ŒUVRES COMPLÈTES en 15 vol. : Flammarion, à paraître en souscription.
ŒUVRES ROMANESQUES en 3 vol. : Flammarion.

1900   *Claudine à l'école :* Albin Michel. Le Livre de poche.
1901   *Claudine à Paris :* Albin Michel. Le Livre de poche.
1902   *Claudine en ménage :* Mercure de France. Gallimard « Folio ».
1903   *Claudine s'en va :* Albin Michel. Le Livre de poche.
1905   *Douze dialogues de bêtes :* Mercure de France. Le Livre de poche.
1907   *La Retraite sentimentale :* Mercure de France. Gallimard « Folio ».
1908   *Les Vrilles de la vigne :* Hachette, épuisé.
1909   *L'Ingénue libertine :* Albin Michel. Le Livre de poche.
1911   *La Vagabonde :* Albin Michel. Le Livre de poche.
1913   *L'Entrave :* J'ai lu.
        L'Envers du music-hall : Flammarion, épuisé.
1916   *La Paix chez les bêtes :* Fayard.
1919   *Mitsou :* Fayard. Le Livre de poche.
1920   *Chéri :* Fayard. Le Livre de poche.

1922	*La Maison de Claudine* : Le Livre de poche.
	Le Voyage égoïste : Ferenczi, épuisé.
1923	*Le Blé en herbe* : Garnier/Flammarion, relié; J'ai lu.
1924	*La Femme cachée* : Flammarion, épuisé.
1926	*La Fin de Chéri* : J'ai lu.
1928	*La Naissance du jour* : J'ai lu.
1929	*La Seconde* : Le Livre de poche.
	Sido, suivi de *Les Vrilles de la vigne* : Le Livre de poche.
1930	*Histoires pour Bel-Gazou* : Stock, épuisé.
1932	*La Treille muscate* : Mermod, épuisé.
	Ces plaisirs (le Pur et l'Impur) : Le Livre de poche.
	Prisons et Paradis : Le Livre de poche.
1933	*La Chatte* : Grasset, épuisé. Le Livre de poche.
1934	*Duo* : Hachette, épuisé.
	Mes apprentissages : Le Livre de poche.
1936	*Discours de réception à l'Académie royale belge de langue et littérature françaises* : Grasset, épuisé.
1937	*Bella Vista* : Hachette, épuisé.
1939	*Le Toutounier* : Le Livre de poche (avec *Duo*).
1940	*Chambre d'hôtel*, suivi de *La Lune de pluie* : Le Livre de poche.
1941	*Julie de Carneilhan* : Fayard. Le Livre de poche.
	Journal à rebours : Fayard, épuisé.
1942	*Paris de ma fenêtre* : Hachette, épuisé.
1943	*Le Képi* : Le Livre de poche.
	Gigi : Le Livre de poche.
	Trois... Six... Neuf... : Buchet-Chastel.
1945	*Belles saisons* : Flammarion, épuisé.
1946	*L'Étoile Vesper* : Hachette, épuisé.
1948	*Pour un herbier* : Mermod, épuisé.
1949	*Le Fanal bleu* : Hachette, épuisé.
1950	*En pays connu* : Hachette, épuisé.
	Chats : Albin Michel.
1958	*Lettres à Hélène Picard* : Flammarion.
	Paysages et Portraits : Flammarion, épuisé.
	Chiens : Albin Michel.
1959	*Lettres à Marguerite Moréno* : Flammarion.
1961	*Lettres de la vagabonde* : Flammarion.
1963	*Lettres au petit corsaire* : Flammarion.
1970	*Contes des mille et un matins* : Flammarion.
1973	*Lettres à ses pairs* : Flammarion.

NOTE SUR LES ILLUSTRATIONS

Les documents reproduits aux pages 4, 10, 37, 83, 100, 120, 127 et 153, proviennent de la collection personnelle de M. Richard Anacréon, qui a bien voulu nous autoriser à en faire usage dans le présent volume. Les deux clichés de la page 7 sont la reproduction de photographies *Roger-Viollet* ; les clichés des pages 1, 2 et 3 de cv, appartiennent à l'Agence Rapho.

Photo de couverture : Gisèle Freund.

Table

CE LIVRE EST LE CINQUIÈME DE LA COLLECTION « ÉCRIVAINS DE TOUJOURS »
DIRIGÉE PAR DENIS ROCHE

ACHEVÉ D'IMPRIMER EN 1981 PAR L'IMPRIMERIE TARDY QUERCY S.A. - BOURGES
D. L. 3ᵉ trim. 1951 - Nº 447-12